INHALT

PEMERITY EAGLE

ALLES, WAS EIN
Potter-Fan
WISSEN MUSS

Über 150 magische Fakten rund um die Welt von Hogwarts

riva

Bibliografische Information der Deutschen Nationalbibliothek
Die Deutsche Nationalbibliothek verzeichnet diese Publikation in der Deutschen Nationalbibliografie. Detaillierte bibliografische Daten sind im Internet über http://dnb.d-nb.de abrufbar.

Für Fragen und Anregungen
info@rivaverlag.de

Wichtiger Hinweis
Ausschließlich zum Zweck der besseren Lesbarkeit wurde auf eine genderspezifische Schreibweise sowie eine Mehrfachbezeichnung verzichtet. Alle personenbezogenen Bezeichnungen sind somit geschlechtsneutral zu verstehen.

1. Auflage 2022
© 2022 by riva Verlag, ein Imprint der Münchner Verlagsgruppe GmbH
Türkenstraße 89
80799 München
Tel.: 089 651285-0
Fax: 089 652096

Redaktion: Tanja Schröder
Umschlaggestaltung: Karina Braun
Umschlagabbildung: shutterstock.com/karnoff, Andy Vinnikov, Victoria Bat
Abbildungen im Innenteil: Leeloo Molnár
Satz: Carsten Klein, Torgau
Druck: CPI books GmbH, Leck
Printed in the EU

ISBN Print 978-3-7423-2233-3
ISBN E-Book (PDF) 978-3-7453-2008-4
ISBN E-Book (EPUB, Mobi) 978-3-7453-2007-7

Wir produzieren
nachhaltig
www.m-vg.de

—— Weitere Informationen zum Verlag finden Sie unter ——

www.rivaverlag.de

Beachten Sie auch unsere weiteren Verlage unter www.m-vg.de

VORWORT

Als Potterheads werden Fans des Potterversums bezeichnet, die als wahre Experten der magischen Welt gelten. Sie kennen alle Fakten zu Harry und seinen Freunden, wissen über jeden Zauberspruch Bescheid und könnten mit verbundenen Augen in Hogwarts den Raum der Wünsche finden.

In diesem Buch findest du alles, um zu einem wahren Potterhead zu werden: Grundlegendes Wissen, die wichtigsten Charaktere, magische Pflanzen und fabelhafte Tierwesen sowie die unvergesslichsten Momente aus Büchern und Filmen warten darauf, von dir entdeckt zu werden. Am Ende findest du ein Wissensquiz, mit dem du testen kannst, ob du ein echter Experte bist.

Auch eingefleischte Fans finden hier noch die ein oder andere Überraschung. Außerdem kannst du in Erinnerungen schwelgen und all die liebgewonnen Personen, Orte und Augenblicke noch einmal wiedererwecken, die dich am Potterversum so begeistern. Denn nicht umsonst haben wir alle die Bücher und Filme bereits mehrmals verschlungen. Harry Potter und seine Abenteuer laden immer wieder aufs Neue dazu ein, in die magische Welt abzutauchen und sich verzaubern zu lassen.

Werde zum waschechten Potterhead und lass dich überraschen, was für interessante Details und Zusammenhänge dir bisher vielleicht noch verborgen geblieben sind!

Ich wünsche dir viel Vergnügen dabei!

Deine Pemerity Eagle

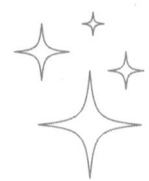

✦ Kapitel 1 ✦

GRUNDSÄTZLICHES

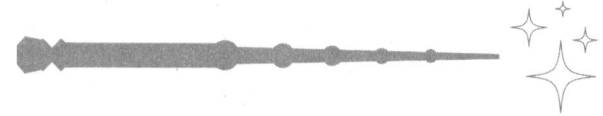

Die Welt von Harry Potter ist voller tiefgreifender Magie und bezaubernder Detailfülle. Da ist es ratsam, sich erst den Grundlagen zuzuwenden, ehe es ans Eingemachte geht. In diesem Kapitel lernt der angehende und auch fortgeschrittene Potterhead deshalb alles Wissenswerte rund um die magische Welt kennen.

Hexen und Zauberer

Hexen und Zauberer sind Menschen mit angeborenen magischen Fähigkeiten. Mit der richtigen Ausbildung lernen sie, diese Fähigkeiten zu ihren Gunsten zu kontrollieren. Sie leben in ihrer eigenen magischen Welt, die wiederum Teil der uns bekannten nicht magischen Welt ist. Nachdem Zauberer und Hexen einige Jahrhunderte lang von den Muggeln verfolgt wurden, hat sich die magische Welt dazu entschlossen, ihre Existenz vor den Muggeln zu verbergen, was in der Regel gut gelingt. Doch es gibt hin und wieder kleine Pannen, bei denen die magische Welt sichtbar wird. »Ausrutscher« dieser Art können aber meist sehr gut mit den entsprechenden Vergessenszaubern neutralisiert werden. Ohnehin sind viele Muggel in der heutigen Zeit auf ihrem magischen Auge »blind« geworden, was ein Eingreifen oft hinfällig macht.

Bei den Zauberern und Hexen unterscheidet man zwischen Reinblütern (die Eltern sind oder waren ebenfalls Zauberer und Hexen), Halbblütern (mit einem magischen Elternteil) und den Muggelstämmigen (beide Elternteile sind oder waren Muggel). Diese Unterscheidungen führen leider immer wieder zu Auseinandersetzungen und Diskriminierungen (in diesem Punkt unterscheiden sich Zauberer und Hexen in ihrem Verhalten kaum von Muggeln).

Muggel

Muggel sind nicht magische Menschen, die meistens keine Ahnung von der Existenz der magischen Welt haben – und auch gar nicht haben wollen. Sie leben in ihrer eigenen Welt, in der Zauberei und Magie in der Regel keinen Platz haben – außer vielleicht in Zaubershows ...

Nur wenigen Muggel, etwa den Eltern magiebegabter Kinder, ist der Einblick in die magische Welt vergönnt. Da sämtliche Versuche, ein friedliches Zusammenleben mit den Muggeln zu ermöglichen, bis heute gescheitert sind, gilt die Verordnung des Zaubereiministeriums: Zauberer und Hexen dürfen keinen Kontakt zu Muggeln aufnehmen – von dringenden Ausnahmen einmal abgesehen.

Squib

Squibs sind Menschen, die eigentlich aus einer Zaubererfamilie stammen, aber dennoch keine magischen Fähigkeiten besitzen. Deshalb werden sie oft – vor allem von Reinblütern – diskriminiert und zu niederen Arbeiten verpflichtet. In seltenen Fällen werden Squibs sogar aus der magischen Gesellschaft verbannt und müssen ihren Platz in der Muggelwelt suchen. Warum Squibs, trotz ihrer magischen Abstammung, keine Fähigkeit zum Zaubern entwickeln können, ist nicht bekannt.

Animagus

Ein Animagus kann sich allein durch seine Willenskraft in ein bestimmtes Tier verwandeln. Dieser Vorgang ist zwar grundsätzlich erlernbar, setzt aber eine starke, angeborene Fähigkeit zur Magie voraus. (Es sind schon viele magische Menschen bei dem Versuch, zum Animagus zu werden, gescheitert.) Der Animagus hat keinen Einfluss darauf, in welches Tier er sich verwandeln kann: Dies ist ihm vorbestimmt und wird durch seinen Charakter festgelegt. Dies ist einer der Gründe, warum sich so wenige Zauberer und Hexen für eine Ausbildung zum Animagus entscheiden. Es wäre schließlich rufschädigend, wenn sich herumspräche, dass es sich bei dem eigenen Tier etwa um ein Faultier handelte!

Metamorphmagus

Der Metamorphmagus besitzt eine angeborene Fähigkeit, die es ihm erlaubt, jederzeit jede beliebige Gestalt oder Form anzunehmen. Die Verwandlungen unterliegen lediglich seinem Willen. Ein Metamorphmagus kann für seine Umgebung durchaus anstrengend sein, die ständige Veränderung seiner Erscheinung führt mitunter zu einiger Verwirrung.

Quidditch

Quidditch ist die beliebteste und bekannteste Sportart in der magischen Welt – vergleichbar z. B. mit Fußball in der Muggelwelt –, die mit insgesamt vier Bällen gespielt wird. Quidditchfelder befinden sich etwa 50 Meter über dem Boden, in dieser luftigen Höhe versuchen sich zwei gegnerische, auf Besen reitende Mannschaften zu besiegen, indem sie möglichst viele Punkte erzielen. Eine Mannschaft besteht insgesamt aus sieben Spielern. Das Feld ist in zwei Hälften unterteilt, in denen sich die jeweiligen Tore (drei Ringe, die auf 20 Meter langen Pfosten befestigt sind) befinden, die es zu treffen gilt. Jedes Tor wird von einem Hüter bewacht. Ein Tor gilt als erzielt, wenn ein Spieler der gegnerischen Mannschaft es schafft, am Hüter vorbei den sogenannten Quaffel (einen roten Ball von der Größe eines Muggelfußballs) durch eines der Ringtore zu schießen. Für jedes Tor mit dem Quaffel erhält eine Mannschaft zehn Punkte.

Die Bemühungen der Jäger, Tore zu erzielen, werden durch Klatscher erschwert, kleine schwarze Bälle, hart wie Eisen und äußerst wendig. Sie sind verhext und versuchen, die Spieler (egal welcher Mannschaft) von ihren Besen zu werfen. Sie in Schach zu halten, ist Aufgabe der Treiber – jeweils zwei Teammitglieder versuchen, mit einer Art Baseballschläger die aggressiven Klatscher auf die Spieler der gegnerischen Mannschaft zu schießen, um diese im Idealfall von ihren Besen zu werfen.

Eine weitere Möglichkeit, das Spiel für sich zu entscheiden, besteht darin, den goldenen Schnatz zu fangen, einen kleinen goldenen Ball mit silbernen Flügeln, der derart schnell und wendig ist, dass er wie aus dem Nichts auftauchen und ebenso schnell wieder verschwinden kann. Gelingt es dem Sucher einer Mannschaft, den Schnatz zu fangen, erhält diese 150 Punkte, das Spiel ist beendet.

Trimagisches Turnier

Das Trimagische Turnier findet alle drei Jahre statt und wurde das erste Mal vor etwa 700 Jahren ausgetragen. Der traditionsreiche Wettkampf, in dem jeweils nur ein Champion als Stellvertreter für die gesamte Schule teilnimmt, wurde allerdings für einige Jahrhunderte ausgesetzt, da die Teilnahme als zu gefährlich galt. In Harry Potters viertem Schuljahr wird das Trimagische Turnier unter neuen und verbesserten Sicherheitsauflagen wiederaufgenommen. In *Harry Potter und der Feuerkelch* ist Harry – zu seinem Schrecken und aufgrund der Manipulation eines Todessers – unter den Champions. Normalerweise werden die Teilnehmer durch ein magisches Auswahlverfahren bestimmt: Die Namen der in Frage kommenden Teilnehmer (sie müssen mindestens 17 Jahre alt sein) werden in den

Feuerkelch geworfen. Derjenige, dessen Name der magische Kelch wieder ausspuckt, ist verpflichtet, als Champion am Trimagischen Turnier teilzunehmen. Es gibt kein Zurück!

Das Turnier erstreckt sich über ein ganzes Schuljahr, in dem die drei Auserwählten in drei verschiedenen Disziplinen um den Trimagischen Pokal kämpfen. Die zu bewältigenden Aufgaben sind alles andere als einfach – und teilweise schlichtweg lebensgefährlich.

Als Harry das Turnier für sich – und damit für Hogwarts – entscheiden kann, spendet er die gesamte Siegerprämie den Zwillingen Fred und George Weasley als Starthilfe für die Gründung ihres Geschäfts für zauberhafte Scherzartikel in der Winkelgasse.

Todesser

Lord Voldemorts treue Anhänger nennen sich selbst Todesser und kämpfen mit allen zur Verfügung stehenden Mitteln für die Übernahme der Macht in der magischen Welt. Die Treue mancher Todesser beruht allerdings auf purer Angst davor, von ihrem Meister hingerichtet zu werden, sobald sie sich seinem Willen widersetzen. Bei ihren geheimen Treffen tragen die Todesser lange Kutten und Masken, sodass sich selbst in den eigenen Reihen nicht alle kennen. Sie treiben ihre Opfer mit den unverzeihlichen Flüchen in den Wahnsinn oder gar in den Tod. Fast alle Mitglieder tragen das dunkle Mal des Lord Voldemort am linken Arm.

Der Orden des Phönix

Die schlagkräftige Gruppierung um Albus Dumbledore nimmt in der gleichnamigen Geschichte den Kampf mit den Todessern auf.

Der Orden wurde Anfang der 1970er-Jahre von Albus Dumbledore gegründet, es gehören ihm mächtige Zauberer und Hexen an, die gemeinsam und unter ständiger Lebensgefahr für das Gute kämpfen. Auch Harry Potters Eltern, Lily und James, gehörten dem Orden an und ließen im Kampf gegen den dunklen Lord ihr Leben. Für geraume Zeit befand sich der Hauptsitz des Ordens im Elternhaus von Sirius Black, am Grimmauldplatz Nr. 12. Nach seiner Auflösung wurde der Orden zum 2. Magischen Krieg wieder neu ins Leben gerufen.

Horkrux

Die Erschaffung eines Horkrux zählt zu den dunkelsten Machenschaften in der magischen Welt und ermöglicht es einem Zauberer, Unsterblichkeit zu erlangen. Es handelt sich um ein Gefäß oder ein anderes Lebewesen, indem ein Teil der Seele desjenigen, der den Horkrux erschaffen hat, Einzug halten kann. Um einen Horkrux zu erschaffen, muss zum einen ein Mord begangen werden, zum anderen wird die Ursprungsseele gespalten. Dies hat zur Folge, dass sich der Schöpfer des Horkrux unweigerlich in ein seelenloses Monster verwandelt. (Lord Voldemort schuf gleich mehrere Horkruxe, wodurch seine Seele mehrfach gespalten wurde.)

Die Heiligtümer des Todes

Die Heiligtümer des Todes sind drei – angeblich vom Tod selbst erschaffene – magische Gegenstände, die ihren Besitzer unsterblich machen und ihm gleichzeitig unvorstellbare magische Kräfte verleihen. Dazu gehören:

- *Der Elderstab*
  Wem dieser mächtigste aller Zauberstäbe gehört, der gilt als unbesiegbar. Um ihn zu erobern, muss der Besitzer des Elderstabs jedoch besiegt werden. Stirbt der letzte Besitzer des Elderstabes, bevor dies gelingt, wird der Stab keinen anderen Besitzer mehr finden.

- *Der Tarnumhang*
  Er verbirgt die Person, die ihn trägt, zuverlässig vor den Augen der anderen. Der Umhang befindet sich seit Jahrhunderten im Besitz der Familie Potter.

- *Der Stein der Auferstehung*
  Der in einen goldenen Ring eingefasste Stein hat die Macht, Tote zum Leben zu erwecken. Lord Voldemort macht den Ring zu einem Horkrux, der aber von Albus Dumbledore zerstört wird – und schließlich an Harry weitergegeben wird.

Alle drei Heiligtümer des Todes befinden sich zuletzt in Harrys Besitz, er benutzt jedoch lediglich den Tarnumhang.

Apparieren

Das Apparieren ist eine spezielle Art der Fortbewegung, die von Zauberern und Hexen genutzt wird, um blitzschnell von einem Ort zu einem beliebigen anderen zu gelangen: Man verschwindet am Ursprungsort, um beinahe in derselben Sekunde am Zielort aufzutauchen. (Manche Orte, wie z. B. Hogwarts, sind jedoch mit einem Zauber belegt, sodass Apparieren nicht möglich ist.)

Da das Apparieren magische Fähigkeiten und gewisse Fertig-
keiten voraussetzt, ist es erst ab dem 17. Lebensjahr und nach Ab-
legen einer speziellen Prüfung gestattet. Der Hauptgrund hierfür
ist, dass das Apparieren einige Gefahren mit sich bringt, wie z. B.
das »Zersplintern«: Beim Versuch, auch ohne entsprechende Ausbildung zu apparieren, können Körperteile abhanden kommen. In
diesem Fall kann nur ein längerer Aufenthalt im St.-Mungo-Hospi-
tal Abhilfe schaffen.

Das Flohnetzwerk

Das weitverzweigte Flohnetzwerk ermöglicht eine schnelle Art des
Reisens in der magischen Welt. Vor allem für Zauberer und Hexen,
die noch zu jung zum Apparieren sind oder diese Kunst nicht beherrschen, ist das Flohnetzwerk eine beliebte Alternative, um von
Ort zu Ort zu gelangen. Jeder, der über einen Kamin verfügt und
etwas Flohpulver besitzt, kann das Netzwerk nutzen: Das magische
Pulver wird in den brennenden Kamin gestreut, und schon ist man
mit den Kaminen aller anderen Zauberer und Hexen verbunden.
Man muss nicht unbedingt in die Flammen steigen, um an den gewünschten Ort zu reisen. Um zu kommunizieren, genügt es, einfach
den Kopf in den Kamin zu stecken, schon wird man im Kamin des
Adressaten sichtbar: Eine benutzerfreundliche Art der Kommuni-
kation, die sich vor allem für Kurznachrichten eignet! Im Gegensatz
zum Apparieren birgt das Reisen mithilfe des Flohnetzwerkes keine
Risiken. Es ist lediglich darauf zu achten, dass der gewünschte Zielort laut und deutlich in die Flammen gesprochen wird. Andernfalls
könnte es zu Missverständnissen kommen, der Reisende könnte sich
an einem unliebsamen Ort wiederfinden.

Der fahrende Ritter

Der fahrende Ritter ist ein dreistöckiger, lilafarbener Bus, der Hexen und Zauberer gegen ein geringes Entgelt an den Ort ihrer Wahl befördert. Eine Fahrt mit dem magischen Bus kommt für die meisten Zauberer und Hexen nur in Notfällen in Frage, denn der fahrende Ritter zählt nicht zu den angenehmsten Reisemöglichkeiten.

Obwohl der Bus, je nach Tageszeit, entweder mit Betten oder bequemen Sesseln ausgestattet ist, kann sensiblen Zeitgenossen die halsbrecherische Fahrweise von Ernie Prang, dem Busfahrer, auf den Magen schlagen: Es kommt vor, dass dieser – begleitet von einem lauten Knall – unvermittelt und so schnell vorwärtsspringt, dass ganze Häuserzeilen innerhalb einer Sekunde an den Fenstern des Vehikels vorbeirasen. Andererseits kann der Bus aber auch aus voller Fahrt zum abrupten Stillstand kommen, sollte dies erforderlich sein. Es ist also immer ratsam, sich selbst und alle mitgeführten Gegenstände gut zu sichern.

Der fahrende Ritter kann von Muggeln nicht gesehen werden, obwohl er an deren Verkehrsgeschehen teilnimmt. Kommen ihm dabei Muggelautos oder Häuser in die Quere, springen diese zur Seite, sodass es niemals zu Zusammenstößen kommt.

Hogwarts-Express

Der Hogwarts-Express dient ausschließlich dem Transport der Schüler und Lehrer von Hogwarts. Pünktlich zu Beginn des magischen Schuljahres fährt der magische Zug von Gleis 9 ¾ des Londoner Bahnhofs King's Cross nach Hogsmeade. Der Zug ist nur für Bewohner der magischen Welt sicht- und erreichbar.

Das dunkle Mal

Das Zeichen weist seinen Träger als Anhänger Lord Voldemorts aus. Mancher Todesser hat es vom dunklen Lord persönlich in den linken Unterarm gebrannt bekommen. Das dunkle Mal dient auch als Kommunikationsmittel: Sobald Lord Voldemort sein eigenes berührt, beginnen die seiner Anhänger schmerzhaft zu glühen. Dies ist das untrügliche Zeichen, dass sie zu einer Versammlung einberufen sind.

Das Mal wird auch als Mahnmal genutzt: Wenn der dunkle Lord und seine Anhänger ein Verbrechen verübt haben, wird das Zeichen mithilfe der Zauberformel Morsmordre an den Himmel geworfen, sodass es jeder sehen kann. Das dunkle Mal zeigt einen Totenkopf, aus dessen Mund eine Schlange hervorquillt.

Heuler

Ein Heuler kann einen Schüler in Hogwarts via Eulenpost erreichen. Man erkennt den unliebsamen Brief an seiner leuchtend roten Farbe. Hat er seinen Empfänger erreicht, bricht lautes Geschrei aus ihm heraus, das in der gesamten Schule zu hören ist. Mithilfe dieser für den Betroffene höchst peinlichen Art der Benachrichtigung können Eltern ihren Unmut über ein bestimmtes Verhalten ihrer Kinder kundtun, auch wenn diese sich gerade in der Schule befinden. Die Wirkung eines Heulers ist so durchschlagend, dass meistens kein zweiter nötig ist. Es nützt übrigens nichts, einen Heuler ungeöffnet zu verstecken. Dieser sucht sich unaufhaltsam seinen Weg!

Kapitel 2

DIE WICHTIGSTEN
CHARAKTERE

Eine Geschichte ist nur so gut, wie die Charaktere, die
darin vorkommen. Im Potter-Universum gibt es eine Reihe
an Hexen und Zauberern – und sogar Muggeln – die
uns auf die ein oder andere Art bewegt haben. Sei es
durch ihren Mut, ihr Können oder durch ihre Grausamkeit.
Ein echter Potterhead kennt sie alle und weiß nicht nur
über ihre Persönlichkeit Bescheid, sondern auch darüber,
welche Rolle sie in der magischen Welt spielen. In
diesem Kapitel triffst du alle deine Lieblinge und ihre
Gegenspieler wieder – und lernst sie besser kennen.

Harry Potter

Keine Frage, der Protagonist höchstselbst darf natürlich in dieser Liste nicht fehlen. Wobei man fairerweise sagen muss, dass Harry Potter – Held hin oder her – nicht zum mächtigsten Zauberer gekürt werden kann. Schließlich meistert er viele der heiklen Situationen, in die er im Laufe seiner Abenteuer gerät, nicht immer mithilfe seiner magischen Fähigkeiten. Er verfügt zwar über eine große magische Energie, die ihm in die Wiege gelegt wurde. Trotzdem ist es oft Zufall, pures Glück oder die Hilfe seiner Freunde, die ihm in brenzligen Situationen zu Hilfe kommt. Nichtsdestotrotz stellt sich Harry mit allen zur Verfügung stehenden Mitteln unerschrocken den gefährlichsten Situationen. Es gelingt ihm mehrmals, Lord Voldemort abzuwehren und ihm zu entkommen. Er beschützt den Stein der Weisen und gewinnt das Trimagische Turnier. Und nicht zuletzt findet und zerstört er die meisten Horkruxe des Dunklen Lords. Er baut dabei auf seine Freunde, die ihm treu zur Seite stehen, seine guten Ideen, die Fähigkeit, sich blitzschnell auf neue Situationen einzustellen, und nicht zuletzt auf die unglaubliche Liebe seiner Eltern, die ihm einen starken Glauben daran gibt, alles schaffen zu können.

Gerade weil er bei all dem nicht über perfekte magische Fähigkeiten verfügt, wird er zum Helden und zur Identifikationsfigur für Zuschauer und Leser.

Ronald Bilius Weasley

Geboren am 1. März 1980, wächst der rothaarige Ron in der Nähe des Ortes Devon mit sechs Geschwistern bei seinen Eltern Arthur und Molly Weasley auf. Das liebenswert-chaotische Heim der Familie trägt den Namen »Fuchsbau«.

Er beginnt seine Ausbildung in Hogwarts 1991, im gleichen Jahr wie Harry und Hermine, deren engster Vertrauter und bester Freund er wird. Seine unerschütterliche Treue, gepaart mit seiner liebenswürdigen Schusseligkeit machen ihn zu einem der wichtigsten Charaktere der Harry-Potter-Saga. Er zeigt in vielen gefährlichen Situationen, wie viel Mut und Charakterstärke in ihm stecken.

Nach dem Sturz Lord Voldemorts arbeitet Ron, gemeinsam mit Harry und Hermine, in der Aurorenzentrale für das Zaubereiministerium, um die verbliebenen Anhänger Voldemorts unschädlich zu machen.

Hermine Granger (engl.: Hermione Jean Granger)

Hermine Granger wird am 19. September 1979 in London als einziges Kind in eine reine Muggelfamilie geboren. Trotz ihrer Abstammung entwickelt sie schon früh magische Fähigkeiten. Man vermutet, dass unter den Vorfahren ein Zauberer oder eine Hexe war, möglicherweise handelt es sich dabei um ihre Großmutter mütterlicherseits.

Als die Tochter zweier Zahnärzte erfährt, dass sie an der Schule für Zauberei angenommen wurde, stürzt sie sich sofort mit Feuereifer in ihr Studium. Ihr ungebrochener Fleiß ist es, dem sie ihre hervorragenden schulischen Leistungen und ihr umfassendes Wissen verdankt. Aufgrund ihrer besonderen Fähigkeiten ist Hermine in der Lage, ihren beiden besten Freunden, Harry und Ron, stets tatkräftig zur Seite zu stehen.

Letztlich wird die zunächst als »Streberin« belächelte Hermine als Heldin gefeiert. Sie heiratet Ron Weasley, mit dem sie zwei Kinder hat.

Albus Percival Wulfric Brian Dumbledore

Albus Dumbledore, der mächtigste Magier aller Zeiten, ist zu dem Zeitpunkt, als Harry ihn kennenlernt, bereits über 100 Jahre alt. Trotz seiner immer freundlichen Ausstrahlung und seinen Vorlieben für Streiche und Juxe aller Art ist jedem bei seiner imposanten Erscheinung sofort klar, welche unbeschreibliche Macht er besitzt. Er ist derjenige, der allen hier Genannten entweder als Lehrer oder als Schulleiter von Hogwarts den Zugang zur Welt der Hexen und Zauberer gewährte. Zu seinen Taten und Verdiensten sei im Anschluss mehr angemerkt. Denn abgesehen von seinen beinahe überirdischen magischen Fähigkeiten gibt es ein zusätzliches hervorstechendes Merkmal, das ihn über alle anderen Zauberer und Hexen hebt: Erst zum Schluss wird klar, dass Albus Dumbledore alle Geschehnisse, die in Harrys Zeit in Hogwarts passieren, mit unglaublicher Weitsicht vorausgesehen hat. Sogar nach seinem eigenen Tod – den er ja bekanntermaßen ebenfalls selbst von langer Hand plante –, vermochte er die Geschehnisse noch so zu lenken, dass letztlich alles den von ihm gewünschten Weg ging.

Herausragende Leistungen von Albus Dumbledore:
- Er stellt gemeinsam mit Nicolas Flamel den Stein der Weisen her beziehungsweise arbeitet eng mit ihm bei seinen Forschungen zusammen.
- Er entdeckt die zwölf verschiedenen Anwendungen von Drachenblut.
- Sein Leben lang gilt er als Zauberer »erster Klasse«.
- Als Vorsitzender der Internationalen Vereinigung von Zauberern bekleidet er ein hohes Amt im Zaubereiministerium, lehnt aber alle Vorschläge, selbst Zaubereiminister zu werden, kategorisch ab.

- Im Zauberergamot, dem obersten Gericht der Zauberergemeinschaft, bekleidet er das Amt des Großmeisters.
- Er ist Inhaber des Ordens »Merlin 1. Klasse«. Der Orden wird nur an Zauberer verliehen, die sich um die positive Beherrschung der Magie verdient gemacht haben.
- Er ist der Gründer der Widerstandsgruppe namens Orden des Phönix.

Minerva McGonagall

Sie ist zwar eher unauffällig und zurückhaltend, was jedoch ihre magischen Fähigkeiten betrifft, zählt sie zu den mächtigsten Hexen überhaupt. Ihre größte magische Kraft steckt in der Kunst der Verwandlung. Gerade diese Kunst gilt als eine der schwierigsten, die in derart perfekter Form nur von wenigen Zauberkundigen beherrscht wird. Auch als Animagus stellt sie ihre magischen Fähigkeiten unter Beweis. Ihre unscheinbare Art und ihre vornehme Disziplin lassen sie oft in den Hintergrund treten. Wenn es aber darauf ankommt, ist sie als die rechte Hand Dumbledores in Hogwarts und als Hauslehrerin der Gryffindors ein ernstzunehmender Charakter.

Minerva McGonagall ist schon allein durch dieses Können zum Kreis der mächtigsten Zauberer und Hexen zu zählen. Aber abgesehen davon, stellt sie ihre magische Kraft auch immer wieder in gefährlichen Situationen zur Schau. Sie hilft unter anderem dabei, Hogwarts mit den stärksten Verteidigungszaubern zu belegen, um die Todesser und Lord Voldemort vom Schulgelände fernzuhalten. Außerdem scheut sie keinen Kampf – egal gegen wen – und aus beinahe jedem geht sie als Siegerin hervor. Aufgrund ihrer Eigenschaften und Fähigkeiten wird ihr sogar für einige Zeit der Posten der Schulleitung von Hogwarts übertragen. Abgesehen von ihrer Unerschrockenheit und ihrer unerschütterlichen Treue zu Albus Dumbledore und ihrer geliebten Schule, ist es ihr Charakter, der sie so weise und mächtig macht. Sie behält stets einen klaren Kopf und handelt klug und überlegt.

Tom Vorlost Riddle/ Lord Voldemort

Tom Riddle wird am 31. Dezember 1926 in einem Waisenhaus in London geboren. Seine Mutter Merope Gaunt stirbt bei der Geburt und sein Vater Tom Riddle Senior hat kein Interesse an seinem Sohn. Tom Riddle ist ein Halbblüter, er wird im Alter von elf Jahren in Hogwarts aufgenommen. Er ist ein beliebter Schüler, der bei den Lehrern wegen seiner Wissbegierde und Strebsamkeit hoch im Kurs steht. Nur Dumbledore hegt von Anfang an ein gewisses Misstrauen gegenüber dem introvertierten Jungen.

Der junge Riddle interessiert sich schon früh für die Ahnenforschung und erfährt, dass er ein Nachfahre von Salazar Slytherin ist. Von diesem Moment an verstärkt sich sein Hang zur schwarzen Magie. Er nennt sich selbst Lord Voldemort (ein Anagramm seines echten Namens), ist aber auch bekannt als »Du-weißt-schon-wer« oder »Der-dessen-Name-nicht-genannt-werden-darf«. Er öffnet die Kammer des Schreckens und befreit den Basilisken. Um unsterblich zu werden, zerreißt er schließlich seine Seele in insgesamt sieben Teile (einer von ihnen existiert in Harry weiter). Es gelingt ihm, eine Anhängerschaft um sich zu scharen, die Todesser, mit deren Hilfe er versucht, die Macht an sich zu reißen.

Am Ende wird er von Harry Potter besiegt.

Severus Snape

Am 9. Januar 1960 als Halbblüter geboren. Der begabte Zauberer wird Lehrer in den Fächern Zaubertränke und Verteidigung gegen die dunklen Künste. In Hogwarts bekleidet er sogar für einige Zeit das Amt des Schulleiters. Er ist Mitglied des Ordens des Phönix. In seiner Kindheit freundet sich Severus Snape mit Harrys Mutter, Lily Potter, an. Aus dieser Freundschaft entwickelt sich für ihn später die Liebe seines Lebens, die jedoch nicht erwidert wird. Die enttäuschte Liebe führt zu abgrundtiefem Hass gegenüber James Potter und dessen bestem Freund, Sirius Black.

Severus Snape wendet sich den dunklen Künsten der Zauberei zu und verliert dadurch die Freundschaft Lily Potters. Doch obwohl er sogar für einige Zeit zu Voldemorts Anhängern, den Todessern, gehört, wendet er sich schließlich von der schwarzen Magie ab. Er fungiert als eine Art »Doppelagent« und unterstützt Dumbledore im Kampf gegen das Böse. Er tötet den Schulleiter, doch dies geschieht in beiderseitigem Einvernehmen, denn es soll vermieden werden, dass Draco Malfoy mit dem Mord belastet werden kann.

»Halbblutprinz« ist Snapes Pseudonym, unter dem er sein umfassendes Wissen bezüglich der Herstellung von Zaubertränken notiert. Diese Aufzeichnungen fallen Harry durch einen Zufall in die Hände.

Draco Malfoy

Als Sohn der Reinblüter Narzissa und Lucius Malfoy wird Draco Malfoy am 5. Juni 1980 geboren und erweist sich schnell als würdiger Spross der Familie. Genau wie seine Eltern, die den Todessern angehören, ist er der festen Überzeugung, dass nur alte und rein-

blütige Familien das Recht haben sollten, der magischen Welt anzu-
gehören.

Draco will eigentlich eine andere Schule für Zauberei besuchen:
In Durmstrang wäre er ausschließlich von Reinblütern umgeben.
Seine Mutter ist jedoch aus praktischen Gründen nicht einver-
standen, denn Durmstrang liegt deutlich weiter entfernt vom Heim
der Malfoys als Hogwarts.

In Hogwarts wird Draco schnell zum Erzfeind von Harry und
Ron. Er ist stets der Erste, der muggelfreundliche Familien (wie die
Weasleys) anfeindet oder infame Lügen über »Schlammblüter« (wie
Hermine) verbreitet.

James Potter

James Potter wurde am 27. März 1960 geboren. Er war ein Reinblüter und Sohn von Fleamont und Euphemia Potter. Benannt wurde
James nach seinem Großvater.

Genau wie später auch sein Sohn Harry, ging James nach Hogwarts und war ein stolzer Gryffindor. Er gehörte zu den berühmt-
berüchtigten Rumtreibern und wurde von ihnen »Krone« genannt,
was sich auf das Geweih seines Hirsch-Patronus bezieht. In James'
siebtem Schuljahr verliebte er sich in Lily Evans, die er später auch
heiratete.

Zusammen mit Lily und seinen Freunden kämpfte James Potter
im ersten Krieg gegen Lord Voldemort. Nachdem eine Prophezeiung
seinen Sohn Harry als Auserwählten nannte, der den Dunklen Lord
besiegen würde, musste er sich mit seiner Familie jedoch verstecken.
Leider wurde er von Peter Pettigrew betrogen und zahlte dafür mit
dem Leben.

Sirius Black

Geboren am 3. November 1959. Reinblütiger Sohn von Orion und Walburga Black, Bruder von Regulus Black. Der beste Freund von Harrys Eltern wird zu Unrecht zu einer lebenslangen Haftstrafe in Askaban verurteilt. Er soll Voldemort den Aufenthaltsort der Potters verraten und dadurch deren grausame Ermordung durch den dunklen Lord ermöglicht haben.

Erst nachdem es Sirius Black gelingt, den eigentlichen Verräter, Peter Pettigrew, der als Hausratte getarnt bei den Weasleys lebt, zu entlarven, wendet sich das Blatt. Sirius Black ist Harrys Patenonkel und gewinnt, je älter Harry wird, an Bedeutung als eine seiner wichtigsten Bezugspersonen. Wie Dumbledore übernimmt er eine Rolle als liebender Ersatzvater – doch darüber hinaus leben auch James und Lily Potter in ihm weiter, denn die Freundschaft der drei Zauberer ging tiefer als manche Familienbande. Sirius' Tod ist für Harry eines der traumatischsten Erlebnisse überhaupt.

Remus Lupin

Professor Remus John Lupin, geboren am 10. März 1960, ist der halbblütige Sohn von Lyall und Hope Lupin. Als Kind wurde Remus von dem Werwolf Fenrir Greyback gebissen und verwandelte sich von da an zu jedem Vollmond ebenfalls in einen solchen. Dennoch durfte er Hogwarts besuchen und wurde nach Gryffindor eingeteilt. Mit seinen Freunden James, Sirius und Peter gründete er die sogenannten Rumtreiber. Nach der Schule wurde Remus Teil des Ordens des Phönix und kämpfte gegen Lord Voldemort.

In Harrys drittem Schuljahr kehrte Remus als Lehrer für Verteidigung gegen die dunklen Künste nach Hogwarts zurück, behielt den Posten allerdings nur für ein Jahr.

Bei der großen Schlacht um Hogwarts kämpfte Remus an der Seite seiner Frau Nymphadora Tonks gegen die Todesser und wurde von Antonin Dolohov ermordet. Filius Flitwick rächte seinen Tod.

Remus hinterließ einen Sohn: Edward Remus Lupin, genannt Teddy.

Peter Pettigrew

Peter Pettigrew alias Wurmschwanz ist die Hinterhältigkeit in Person. Er agiert überwiegend im Verborgenen und hat ohnehin nicht gerade den Orden der Ehrenhaftigkeit verdient, was seinen Charakter betrifft. Genau diese Zurückhaltung ist es, die Peter Pettigrew so gefährlich macht. Keiner seiner Freunde traut ihm zu, ein heimlicher Todesser zu sein. Mit seinen Taten setzt er – anfangs unerkannt – vieles in Gang, was am Ende zu weitreichenden Konsequenzen führt. Es ist zum Beispiel letztlich sein Werk, dass der Dunkle Lord in *Harry Potter und der Feuerkelch* wieder Gestalt annehmen und damit noch mehr Macht gewinnen kann. Wurmschwanz ist sozusagen der Geburtshelfer des Dunklen Lords. Doch seine Dienste für Voldemort sind nichts im Vergleich zu dem Verrat an seinen einstigen Freunden, Lily und James Potter, die er skrupellos und ganz bewusst ans Messer liefert. Peter Pettigrew ist der Geheimniswahrer der Potters – und er ist es auch, der dieses Geheimnis an Voldemort weitergibt und damit den Mord an seinen besten Freunden ermöglicht. Als der Dunkle Lord das Attentat auf die Potters beinahe selbst mit dem Leben bezahlt, verschwindet Peter Pettigrew in seiner typisch feigen Art und taucht getarnt in seiner Animagus-Gestalt als Ratte unter und landet am Ende ausgerechnet als Haustier namens Krätze bei den Weasleys.

Filius Flitwick

Man sollte sich nicht von der Körpergröße des Professors für Zauberkunst, der Harry seinen ersten Zauber (Wingardium Leviosa) lehrt, täuschen lassen. Denn der bei den Schülern sehr beliebte, weil immer freundliche Lehrer hat es wahrhaft in sich. Durch sein zurückhaltendes Wesen und seine geringe Körpergröße ist er unscheinbar, doch in den Momenten, in denen sein magisches Talent gefragt ist, ist er ganz groß. Mithilfe seines Zauberstabes ist er in der Lage, schwere Lasten zu transportieren oder schwierige Fälle verschiedener Flüche aufzudecken (zum Beispiel als der neue Feuerblitz von Harry auf ungewollte Verwünschungen untersucht werden muss, da nicht klar ist, woher der Besen kommt; *Harry Potter und der Gefangene von Askaban*).

Filius Flitwick ist ein Virtuose der Zauberkunst und stellt seine magische Macht in diversen Duellen eindrucksvoll zur Schau. Er gilt in der Zaubererwelt als einer der begabtesten Zauberkünstler seiner Zeit. Kein Wunder also, dass er die Todesser und sogar Voldemort höchstpersönlich das Fürchten lehrt, als er in der Schlacht von Hogwarts Antonin Dolohov, einen der gefährlichsten Schergen des Dunklen Lords, im Duell schlägt. Filius Flitwick ist ein Beispiel für die leisen und in diesem Fall kleinen Helden, die man aber auf keinen Fall unterschätzen sollte.

Alastor »Mad-Eye« Moody

Alastor Moody zählt zu den erfolgreichsten und mächtigsten Auroren seiner Zeit. Er macht seinem Namen – »Alastor« ist Griechisch und bedeutet der Rächer – alle Ehre, da er die meisten der in Askaban einsitzenden Todesser und Kriminelle eigenhändig eingebuchtet hat. Um das zu schaffen, nutzte er seine magische Macht, die wohl eine der vielseitigsten in der gesamten Zaubererwelt ist. Denn sie beruht nicht nur auf einer speziellen Fähigkeit, sondern vereint die Perfektion mehrerer Disziplinen: das umfassende Wissen in der Kräuterkunde, die Fähigkeit der Verwandlung, die Kenntnis über die Anwendung der Zaubertränke und nicht zuletzt das komplette Wissen über die Verteidigung gegen die Dunklen Künste. Alastor Moody ist sozusagen ein magisches Multitalent und sogar nach seinem Tod wirken seine Verteidigungszauber, die er zu Lebzeiten um den Grimmauldplatz schuf, so stark nach, dass selbst Lord Voldemort nicht in das Hauptquartier des Ordens des Phönix eindringen kann. Der mürrische (engl. »moody«) Kämpfer stürzt sich Zeit seines Lebens in jede Schlacht und wirkt nahezu unverwüstlich. Deshalb ist es auch nicht verwunderlich, dass er am Ende nur durch den Dunklen Lord höchstpersönlich im Kampf getötet werden kann, als er Harry bei seinem letzten Auszug aus dem Ligusterweg begleitet und beschützt. Tatsächlich begleitet Moody bei dem Täuschungsmanöver in Wirklichkeit einen von Harrys Doppelgängern, doch Voldemort verfolgt und tötet ihn in dem Glauben, dass bestimmt der mächtigste aller Auroren den echten Harry aus dem magischen Schutz seiner Verwandtschaft führen soll.

Selbst nach seinem Tod lebt noch ein magisches Körperteil Moodys weiter: sein magisches Auge. Harry entdeckt es und begräbt es im Verbotenen Wald neben einem alten Baum.

Bellatrix Lestrange

Bellatrix Lestrange ist sozusagen der Prototyp des Todessers. Von Voldemort höchstpersönlich ausgebildet, bringt sie alle Attribute mit, um der gefährlichste Todesser aller Zeiten zu sein. Ihr magisches Können, gepaart mit ihrer an Verrücktheit grenzenden Entschlossenheit und ihrem eiskalten Wesen machen sie zu einer äußerst tödlichen Waffe des Dunklen Lords. Schlimmer noch: Sämtliche Morde und grausame Taten, die auf ihr Konto gehen, scheinen ihr auch noch ungemeinen Spaß zu bereiten. Auch sie war bekanntlich maßgeblich an der Folter von Nevilles Eltern, Alice und Frank Longbottom, beteiligt.

Im Gegensatz zu manch anderen Todessern ist ihr Ziel ganz klar der Tod. Das bedeutet, wenn sie angreift, dann immer mit der Motivation, den Gegner ein für alle Mal auszuschalten. Es ist also kein Wunder, dass durch ihre Hand und ihren Zauberstab die meisten Morde geschehen – einzig übertroffen durch Lord Voldemort selbst. Unter ihren zahlreichen Opfern befinden sich auch Tonks und ihr Cousin Sirius Black. Allein durch diese beiden mehr als wehrhaften Opfer wird ihre Kunstfertigkeit in der Schwarzen Magie offensichtlich.

Rubeus Hagrid

Geboren am 6. Dezember 1928 in Westengland als Sohn des Zauberers Hagrid und der Riesin Fridwulfa. Aus der besonderen Konstellation erklärt sich die Tatsache, dass Hagrid ein Halbriese ist – und damit, genau genommen, kein Zauberer. Er ist nicht so groß wie ein reiner Riese, aber weitaus größer als jeder Mensch. Die Riesin Fridwulfa verlässt Mann und Kind früh, Hagrid wächst bei seinem Vater auf, der jedoch stirbt, als Hagrid sein zweites Schuljahr in Hogwarts absolviert.

Die Gutmütigkeit Hagrids, gepaart mit seiner Vorliebe für außergewöhnliche (und meist als gefährlich eingestufte) magische Wesen, bringen ihn regelmäßig in unliebsame Situationen. Während seiner Schulzeit kommt es sogar zu einem Ausschluss von Hogwarts und einem strengen Zauberverbot. Der freundliche Halbriese mit dem wuscheligen Bart erlangt dennoch einen Posten als Wildhüter an der Schule. Er zählt zu Harrys engsten Vertrauten.

Dudley Dursley

Der einzige Spross von Vernon und Petunia Dursley schafft es, sich gleich zu Beginn der Harry-Potter-Saga einen Platz in der Liste der meistgehassten Charaktere zu sichern – und zwar dauerhaft. Er genießt die Situation, in der Harry bis zu seinem Eintritt in die Zaubererwelt leben muss. Denn bevor Harry erfährt, dass er ein Zauberer ist, stellt er für Dudley nur eines dar: das perfekte Opfer. Harry kann aus seiner traurigen und erniedrigenden Wohnsituation im Schrank unter der Treppe bei den Dursleys nicht entkommen und Dudley lässt keine Gelegenheit aus, um ihn das spüren zu lassen. Der verwöhnte Sohn der Dursleys quält und ärgert Harry, so oft er nur kann, und wird darin von seinen Eltern sogar noch bestärkt. Als Leser oder Zuschauer leidet man mit Harry und kann nicht umhin, ein immer stärker werdendes Gefühl der Abneigung gegenüber Dudley zu verspüren.

Dass »Big D« – wie Dudley respektvoll von seinen Buddys genannt wird – gar nicht mehr so groß und mutig ist, wie er immer vorgibt, wenn es hart auf hart kommt, wird jedes Mal offensichtlich, wenn er es mit Magie zu tun bekommt. Sei es die Begegnung mit der Schlange im Zoo, die Harry im ersten Teil versehentlich befreit, oder seine erste Bekanntschaft mit Hagrid – Dudley kreischt zuerst und flieht dann. Daher weicht seine anfangs so übermächtig scheinende Boshaftigkeit zunehmend der Lächerlichkeit.

Vernon und Petunia Dursley

Harrys Tante und Onkel runden das Bild der Dursleys ab, und sie sind auch diejenigen, die Dudley zu dem machen, der er ist. Man ist durch ihr Verhalten ständig hin- und hergerissen zwischen dem Zorn, den ihr Verhalten gegenüber Harry weckt, und der Traurigkeit, die die Gesamtsituation mit sich bringt. Schließlich sind die Dursleys Harrys einzige lebende Verwandte, die sich eigentlich liebevoll um das Waisenkind kümmern sollten. Doch sie sind von Angst und Neid getrieben, und anstatt sich ihres Neffen, der seine Eltern auf so tragische Art und Weise verloren hat, anzunehmen, lassen die beiden keine Gelegenheit aus, Harry spüren zu lassen, wie unerwünscht er bei ihnen ist. Selbst die Blutsverwandschaft – Harrys Mutter war schließlich Petunias Schwester – ist für die Dursleys kein Grund, den kleinen Jungen herzlich bei sich aufzunehmen. Im Laufe der Zeit kristallisiert sich heraus, warum Petunia so gemein zu Harry ist. Sie ist eifersüchtig auf all das, was ihre Schwester war und sie selbst nie sein würde. Sie hätte ebenfalls eine Hexe sein wollen, besitzt aber keinerlei magische Fähigkeiten. Leider schafft sie es nie wirklich, die Größe zu entwickeln, um ihren Neffen als das anzunehmen, was er ist – ein Blutsverwandter und der Sohn ihrer Schwester. Was Onkel Vernon betrifft, ist sein Verhalten beinahe noch unverständlicher als das seiner Frau. Denn er hat eigentlich überhaupt keinen Grund, Harry wie einen räudigen Hund unter der Treppe hausen zu lassen und ihn immer wieder anzuschnauzen. Vernon Dursley ist einfach gemein zu Harry, weil es seinem Wesen entspricht. Manchmal hat es sogar den Anschein, als hätte er einfach Spaß daran, seine Unzufriedenheit an dem wehrlosen Jungen auszulassen.

Dolores Umbridge

An Dolores Umbridge gibt es eigentlich nichts, was ihr die Sympathien des Lesers einbringen könnte. Interessanterweise stammt der Vorname Dolores aus dem Lateinischen und bedeutet: Schmerzen. Der Nachname Umbridge hört sich im englischen Wortlaut genauso an wie »umbrage«, was so viel wie Ärgernis bedeutet.

Dolores Umbridge ist brutal, unberechenbar, manipulativ und unfassbar gemein. Mit diesen Eigenschaften schafft sie es, ausnahmslos jeden zur Weißglut zu treiben. Was anfangs noch so wirkt, als wäre sie etwas überspannt und dadurch oft ungerecht, kristallisiert sich mit der Zeit als regelrecht boshafter Charakterzug heraus. Womöglich ist es gerade diese vorgeblich liebliche Art, mit der sie sich die härtesten Strafen für diejenigen Schüler ausdenkt, die nicht zu ihrer Weltanschauung passen, was einem so manches Mal das Blut in den Adern gefrieren lässt.

Von dem Moment an, als sie in *Harry Potter und der Orden des Phönix* von Zaubereiminister Cornelius Fudge nach Hogwarts gesandt wird, geht sie mit eiskaltem Kalkül immer noch einen Schritt weiter. Unter dem Deckmantel eines ministeriell verfügten Ausbildungserlasses traktiert sie die Schüler mit immer neuen Regeln. Jeder, der aus der Reihe tanzt, bekommt ihre Art der Bestrafung zu spüren, die wie beispielsweise bei Harry bis zur Körperverletzung gehen kann. Weil das Zaubereiministerium ihr den Rücken stärkt, erringt sie nach und nach immer mehr Macht. Gleichzeitig agiert sie für Fudge als eine Art Spion und leitet jede noch so kleine Regelwidrigkeit direkt an das Ministerium weiter. Am Ende schafft sie es sogar, Dumbledore zumindest zeitweise aus seinem Amt als Schulleiter zu vertreiben.

Gellert Grindelwald

Der Jugendfreund von Albus Dumbledore darf auf keinen Fall fehlen, obwohl er in den Harry-Potter-Bänden keine so große Rolle spielt wie in Phantastische Tierwesen und wo sie zu finden sind.

Gellert Grindelwald fällt schon in seiner Jugend als einer der talentiertesten Zauberschüler Durmstrangs auf. Seine magischen Fähigkeiten sind denen Dumbledores durchaus ebenbürtig. Als er mit 18 Jahren wegen schwarzmagischer Experimente der Schule verwiesen wird, zieht er zu seiner Großtante nach Godric's Hollow. Dort lernt er den jungen Albus Dumbledore kennen und die beiden werden beste Freunde, die sich gegenseitig durch ihre Fähigkeiten und ihre überragende Intelligenz in ihrer Magie beflügeln.

Leider wechselt Grindelwald später den Kurs zum »größeren Wohl« – womit letztlich nichts anderes als die Unterdrückung der Muggel gemeint ist. Er gehört zu jenen Zauberern, die nicht verstehen können, warum sich die Zaubererwelt vor den Muggeln verstecken sollte. Also wendet er sich ab und nutzt seine magischen Kräfte für die dunklen Künste. Vor allem in den Bereichen Okklumentik und Verwandlung ist Grindelwald wohl einer der begabtesten Zauberer seiner Zeit. Außerdem ist er als Seher sehr versiert und schafft es selbst ohne abgeschlossene Ausbildung, schwierigste Zauber, wie beispielsweise den Unsichtbarkeitszauber, zu erlernen. Einen Tarnumhang braucht er nie.

Rita Kimmkorn

Die rasende Reporterin Rita Kimmkorn steht, was den Faktor Nervigkeit betrifft, ganz weit vorne. Getoppt wird diese Eigenschaft jedoch von anderen unangenehmen Seiten ihres Charakters:

eiskalte Berechnung, unersättliche Neugierde und ein hohes Maß an Hinterhältigkeit. Im Grunde genommen bringt sie die besten Voraussetzungen mit, um ihren Job als Reporterin für den Tagespropheten auszuüben. Ihre Unverfrorenheit treibt in *Harry Potter und der Feuerkelch* nicht nur Harry und die anderen Champions des Trimagischen Turniers in den Wahnsinn. Rund um die Uhr und in jeder Situation versucht sie, Neuigkeiten zu erhaschen, und konfrontiert die Beteiligten in den unpassendsten Momenten mit unverschämten Fragen und Unterstellungen. Selbstverständlich erscheint in Windeseile, spätestens am darauffolgenden Tag, ein nicht minder schamloser Artikel im Tagespropheten.

In ihren reißerischen Artikeln zeigt Rita Kimmkorn ihr wahres Gesicht: Verleumdungen und Lügen sind an der Tagesordnung. So schafft sie es immer wieder, die Meinungsbildung ihrer Leser in die Richtung zu lenken, die ihr in diesem Moment zusagt. Denn eine ihrer Spezialitäten ist es, einen waschechten Skandal aus dem Nichts hervorzuzaubern. Sie bläst Geschichten nicht nur auf, sondern verdreht häufig die Wahrheit. Diese Anekdoten sind dann zwar für die Leser durchaus amüsant. Für die Betroffenen enden sie oft in rufschädigenden Verleumdungen.

Bartemius Crouch Jr.

Der Sohn von Bartemius »Barty« Crouch Senior ist von Anfang an einer der glühendsten Anhänger und Verehrer Lord Voldemorts. Als hochbegabter Schüler von Hogwarts ist seine erste Tat nach dem Abschluss seiner Schullaufbahn, das Ehepaar Longbottom gemeinsam mit Bellatrix, Rabastan und Rudolphus Lestrange bis zum Wahnsinn zu foltern, nur um herauszufinden, wo sich der Dunkle Lord aufhalten könnte.

Barty Crouch Junior wird in dem darauf folgenden Prozess von seinem eigenen Vater zu lebenslanger Haft in Askaban verurteilt. Doch selbst das tut seiner Loyalität gegenüber Voldemort keinen Abbruch. Nach dem von Bartys Mutter geplanten Ausbruch aus Askaban muss sein Vater ihn über zehn Jahre lang verstecken, was ihm nur mithilfe des Imperius-Fluchs gelingt. Denn nur auf diese Weise hat er die Macht, seinen Sohn gegen dessen Willen zu Hause über zehn Jahre hinweg festzuhalten. Doch der Wille seines Sohnes ist sogar stärker als der Fluch und es gelingt ihm, der Gefangenschaft zu entfliehen. Dann schafft er es sogar, Albus Dumbledore ein ganzes Schuljahr lang über seine wahre Identität zu täuschen: Dazu verwandelt er sich mithilfe des Vielsafttranks und unter Einsatz des Imperius-Fluchs in Alastor Moody, den er gekidnappt hat. Hinzu kommt, dass Barty Crouch Jr. einer der wenigen Todesser ist, welche die Kunst der Okklumentik (die Kunst, die eigenen Gedanken von anderen abzuschirmen) beherrschen – ein weiterer Pluspunkt im Dienste des Dunklen Lords.

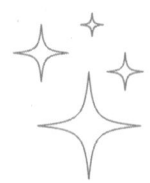

Kapitel 3

MAGISCHE ORTE

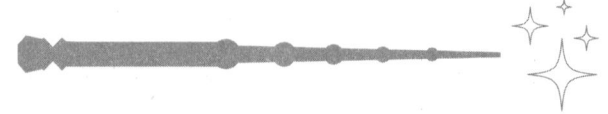

Die Welt von Harry Potter ist voller spannender Orte, die bunter und lebendiger nicht sein könnten. Ob Hogwarts oder Nokturngasse, überall warten Überraschungen und interessante Fakten auf den angehenden Potterhead. In diesem Kapitel kehrst du zurück an jene Schauplätze und lernst sie von einer ganz anderen Seite kennen.

Hogwarts

Die »Hogwarts-Schule für Hexerei und Zauberei« befindet sich in Schloss Hogwarts an einem geheimen Ort in Schottland. Das Schloss wurde auf einem Berg in der Nähe der Ortschaft Hogsmeade errichtet und liegt direkt über dem schwarzen See. Es verfügt über sieben Stockwerke, in denen sich die jeweiligen Gemeinschafts- und Schlafräume für die Schüler befinden, außerdem die Klassenräume, eine Bibliothek, der Krankenflügel und die große Halle, in der Schüler und Lehrer ihre Mahlzeiten einnehmen. In den Türmen sind unter anderem die Eulerei und der Unterrichtsraum für das Fach Astronomie untergebracht. Auf dem weitläufigen Gelände der Schule liegen ein Quidditchfeld, der verbotene Wald und die Gewächshäuser, in denen der Unterricht in Kräuterkunde stattfindet.

Die Schule ist eine der bedeutendsten überhaupt, ihr Name bedeutet so viel wie »Schweinewarzen«. Das Gebäude ist mit diversen Schutzzaubern belegt, um zu gewährleisten, dass die Schüler sicher sind. Sollte sich ein Muggel nähern, wird er lediglich eine alte Ruine zu sehen bekommen. Doch selbst für Zauberer und Hexen ist es nicht einfach, das altehrwürdige Schloss zu finden, sofern sie nicht mit dem Hogwarts-Express anreisen. Ein Schuljahr in Hogwarts geht von September bis Juni, die Ausbildung dauert sieben Jahre. Der Schuleintritt findet mit elf Jahren statt, wobei in Hogwarts – im Gegensatz zu anderen Schulen für Zauberei – auch muggelstämmige Kinder mit Begabung für Magie aufgenommen werden. Vor ihrem elften Lebensjahr werden die meisten Zaubererkinder zu Hause unterrichtet, manche von ihnen besuchen sogar die Grundschulen der Muggel.

Grundlegende Unterrichtsfächer in Hogwarts sind: Zauberkunst, Zaubertränke, Kräuterkunde, Verwandlung, Astronomie, Verteidigung gegen die dunklen Künste, Geschichte der Zauberei.

Die Ausbildung stellt die Schüler vor große Herausforderungen: Erst wenn die letzten ZAGs erreicht wurden und man zum UTZ (die Abkürzung steht für »unheimlich toller Zauberer«) ernannt wurde, ist die Schulkarriere erfolgreich beendet.

Gegründet wurde Hogwarts vor über 1000 Jahren von den vier größten Magiern der damaligen Zeit: Godric Gryffindor, Salazar Slytherin, Helga Hufflepuff und Rowena Ravenclaw. Nach ihnen wurden auch die vier Häuser der Schule benannt, auf welche die Neulinge an ihrem ersten Schultag durch die Entscheidung des sprechenden Huts aufgeteilt werden.

Es ist kaum möglich, sich einen kompletten Überblick über die Schule zu verschaffen. Nicht nur das Inventar wechselt ständig den Platz, auch die 142 Treppenaufgänge im Gebäude befinden sich unablässig in Bewegung. Selbst erfahrene Magier wie Albus Dumbledore, die einen Großteil ihres Lebens auf Schloss Hogwarts verbracht haben, entdecken hin und wieder unbekannte Räume, die sie noch nie zuvor betreten haben. Es kommt vor, dass sich das alte Gemäuer einen Spaß erlaubt und seinen Bewohnern Räume vorgaukelt, die gar nicht existieren. Die unzähligen Geheimgänge sind bis heute nicht gänzlich erforscht.

Durmstrang

Das im tiefsten Osten Europas gelegene Durmstrang-Institut für Zauberei durchweht ein elitärer Geist, aus Überzeugung werden nur Reinblüter aufgenommen. Schulleiter Igor Karkaroff ist ein ehemaliger Todesser, der die Meinung vertritt, dass schwarze Magie auf den Lehrplan einer Zauberschule gehört. Wie die Schüler von Durmstrang zu den dunklen Künsten stehen, ist schwer zu beurteilen.

Beauxbatons

Die französische Schule für Zauberei (Französisch: Académie de Magie Beauxbatons) liegt in den Pyrenäen versteckt und nimmt nicht nur Studenten aus Frankreich auf, sondern auch aus Spanien, Portugal, den Niederlanden, Luxemburg und Belgien. Im Wappen der Schule befinden sich zwei überkreuzte Zauberstäbe, aus deren Spitzen jeweils drei Sterne hervorkommen. Umgeben ist das Internat von ausladenden Gärten mit pompösen Springbrunnen. Schulleiterin ist Madame Olympe Maxime.

King's Cross

Der Bahnhof King's Cross wird von Zauberern und Hexen genutzt, ohne dass die Muggelwelt davon Kenntnis hat. Auf Gleis 9¾ fährt der Hogwarts-Express ein, um die Schüler nach Hogsmeade zu bringen. Um zum richtigen Gleis zu gelangen, muss der magische Zugang genutzt werden, welcher sich zwischen den Muggelgleisen 9 und 10 befindet.

Zaubereiministerium

Das Zaubereiministerium wurde im 15. Jahrhundert gegründet und dient hauptsächlich der Umsetzung des Geheimhaltungsabkommens der internationalen Zauberervereinigung: Diese besagt, dass die Muggel unter keinen Umständen von der Zaubererwelt erfahren dürfen. Das Oberhaupt des Ministeriums ist der jeweilige amtierende Zaubereiminister. Die Mitarbeiter des Ministeriums sind für die Erlassung von Verboten und Gesetzen verantwortlich. Jedes Mitglied der Zauberergemeinschaft hat sich an diese Regeln zu halten, ansonsten kann eine Haftstrafe in Askaban angeordnet werden. Der unterirdische Gebäudekomplex des Ministeriums ist für Außenstehende nur über einen speziellen Besuchereingang zu erreichen. Dieser liegt im Zentrum Londons und ist als defekte Telefonzelle getarnt. Angestellte des Ministeriums benutzen das Flohnetzwerk oder apparieren direkt in die Haupthalle des Gebäudes. Bei Gefahr muss auf den unangenehmen Noteinstieg in einer öffentlichen Toilette in London ausgewichen werden.

Obwohl sich das Zaubereiministerium unter der Erde befindet, verfügt das Gebäude über Fenster. Das Wetter hängt von der allgemeinen Stimmung der Mitarbeiter ab. Die Abteilungen des Ministeriums sind für verschiedene Aufgabenbereiche zuständig, wie z. B. für magische Strafverfolgung, magische Unfälle und Katastrophen aller Art, Führung und Aufsicht magischer Geschöpfe und internationale magische Zusammenarbeit. Die Arbeit der Mysteriumsabteilung unterliegt der Geheimhaltung.

Wirtshaus zu den drei Besen

Das Wirtshaus zu den drei Besen befindet sich an der Hauptstraße von Hogsmeade und ist stets gut besucht. Es kommen jedoch nicht nur Zauberer und Hexen auf ein Butterbier in die gemütliche Stube, die von der attraktiven und freundlichen Madam Rosmerta geleitet wird. Auch andere magische Wesen wie Kobolde, Geister und sogar Sabberhexen sind hier zuweilen zu Gast.

Das Wirtshaus zu den drei Besen ist nicht nur ein Ort des gemütlichen Beisammenseins, sondern auch ein Platz, an dem der neueste Klatsch und Tratsch der magischen Welt weitergegeben wird. Geschichte wurde im Wirtshaus geschrieben, als die Räume während der Koboldaufstände um 1612 als Kommandozentrale dienten.

Zum tropfenden Kessel

Der tropfende Kessel in London ist – trotz seines schäbigen Äußeren – alles andere als ein heruntergekommener Pub. Ähnlich wie Gleis 9¾ handelt es sich um eine Schnittstelle zwischen der Muggel- und der Zaubererwelt. Auf der Vorderseite des Pubs befindet sich die belebte Muggel-Einkaufsstraße Charing Cross Road, während man im Hinterhof durch eine Mauer in die Winkelgasse gelangt. Die Backsteine über der dort stehenden Mülltonne müssen richtig abgezählt und mit dem Zauberstab berührt werden, damit der Durchgang sich öffnet. Auch Muggeln wird unter bestimmten Voraussetzungen der Zutritt zur Winkelgasse gewährt: Ist ihr magischer Nachwuchs noch zu jung, um hier seine Schulutensilien für Hogwarts einzukaufen, werden Muggeleltern als Aufsichtspersonen geduldet.

Godrics Hollow

Godrics Hollow ist ein kleiner Ort in England, in dem nicht nur Godric Gryffindor, einer der Gründer Hogwarts, sondern auch Harry Potter das Licht der Welt erblickte. Die Familie führte hier ein glückliches Leben, bis der dunkle Lord in der Nacht vom 31. Oktober 1981 die Idylle zerstörte und das Ehepaar Potter tötete. Das Haus der Potters ist für Muggel unsichtbar.

In Godrics Hollow leben Zauberer und Hexen friedlich mit Muggeln in einer Dorfgemeinschaft. Letztere wissen freilich nichts von den magischen Fähigkeiten ihrer Mitbürger, da es den Zauberern und Hexen bis heute – mithilfe wohldosierter Zauber – gelungen ist, ihre wahre Natur zu verbergen. So sehen die Muggel z. B. in dem Obelisken, der auf einem öffentlichen Platz steht, lediglich ein Kriegerdenkmal, während die magischen Einwohner des Ortes wissen, dass es sich um eine Statue handelt, die Lily, James und Harry Potter darstellt. Hin und wieder kommt es zu magischen Zwischenfällen, bei denen die Muggel stutzig werden. Bis jetzt konnten derartige Zauberunfälle stets mit den entsprechenden Vergessenszaubern gelöst werden – zur Zufriedenheit aller.

Der Raum der Wünsche

Der Eingang zu dem besonderen Raum in Schloss Hogwarts befindet sich gegenüber dem Wandteppich von Barnabas, dem Bekloppten. Es kommt selten vor, dass der Raum der Wünsche bewusst aufgesucht wird, in der Regel wird er durch Zufall entdeckt. Eingelassen wird jedoch nur, wer den Raum der Wünsche wirklich benötigt. Da er unauffindbar ist, dient der Raum hin und wieder als Unterschlupf oder Ort für geheime Treffen, etwa als Dumbledores Armee in *Harry Potter und der Orden des Phönix* sich auf den Kampf gegen den dunklen Lord vorbereitet. Von hier aus führt ein wichtiger Verbindungsweg zum Pub von Dumbledores Bruder Aberforth, dem Eberkopf.

Hogsmeade

Hogsmeade ist ein kleiner Ort im schottischen Hochland, in der Nähe von Hogwarts. Hier leben ausschließlich Hexen und Zauberer, denen eine Reihe magischer Geschäfte, Bars und Restaurants zur Verfügung steht. In Hogsmeade befindet sich der Bahnhof, in dem der Hogwarts-Express hält.

Die bekanntesten Geschäfte und Restaurants in Hogsmeade:
- Honigtopf (Süßwarengeschäft),
- Wirtshaus zu den drei Besen (Restaurant unter Leitung von Madam Rosmerta),
- Zonkos (Scherzartikel),
- Derwisch und Banges (Schul- und Zauberutensilien),
- Postamt,
- Eberkopf (Pub, geführt von Dumbledores Bruder Aberforth),
- Madam Puddifoot (kleines Café).

Die Heulende Hütte

Die Heulende Hütte ist ein heruntergekommenes Haus, das einsam auf einem Hügel in der Nähe von Hogsmeade steht. Im Dorf gehen Gerüchte um, dass es dort spukt. Kaum ein Zauberer wagt sich in die Nähe, denn in manchen Nächten dringt ein schauriges Heulen und Kratzen aus dem alten Gemäuer.

Hinter den schrecklichen Geräuschen steckt Remus Lupin: Albus Dumbledore entdeckte das verfallene Haus als sicheren Rückzugsort für den zum Werwolf gewordenen Zauberer. Hier verbringt dieser seitdem die Vollmondnächte, in denen er dazu verdammt ist, sich in eine wilde Bestie zu verwandeln. Bleibt der Werwolf währenddessen in der Hütte, stellt er keine Gefahr für andere dar.

Dumbledore schürt die Gerüchte um die Heulende Hütte absichtlich: Je größer die Angst der Menschen, desto geringer die Gefahr, dass Remus Lupin als Werwolf entlarvt und für den Rest seines Lebens nach Askaban geschickt wird.

Harry und seine Freunde lösen das Geheimnis um das unheimliche Haus in »der Gefangene von Askaban«. Sie entdecken mithilfe der Karte des Rumtreibers den geheimen unterirdischen Gang zu dem Haus, dessen Eingang sich in der Peitschenden Weide befindet.

Askaban

Das Strafmaß in der magischen Rechtsprechung ist hoch: Meistens werden Verbrechen mit lebenslänglicher Haft in Askaban geahndet. Das Zauberergefängnis ist einer der meistgefürchteten Orte der magischen Welt – nicht zuletzt, weil die dort Inhaftierten von Dementoren bewacht werden. Die Qual durch ihre Anwesenheit ist so unerträglich, dass die Häftlinge den Verstand verlieren oder, nach einiger Zeit, den Freitod durch Hungerstreik wählen, um ihrem unwürdigen Dasein ein Ende zu setzen.

Die Festung, die das Gefängnis beherbergt, liegt auf einem einsamen Felsen, mitten in der Nordsee. Da Askaban mit einem Unauffindbarkeitszauber belegt ist, kann es nicht geortet werden. Bis heute ist es kaum einem Zauberer gelungen, von der berüchtigten Gefängnisinsel zu fliehen. Einzig Sirius Black glückte in *Harry Potter und der Gefangene von Askaban* die Flucht.

Nokturngasse

Durch einen niedrigen Steinbogen am Ende der Winkelgasse gelangt man in die Nokturngasse, die Marktstraße für verbotene Dinge. Hierher kommt kein anständiger Zauberer. Zur Klientel der

Nokturngasse gehören Todesser und andere dubiose Gestalten, die sich der schwarzen Magie verschrieben haben. Hagrid besorgt hier von Zeit zu Zeit Futter für seine verbotenen Geschöpfe, da dieses nirgendwo sonst erhältlich ist.

Bei »Borgin und Burkes« geht unter anderem die Familie Malfoy ein und aus. Eine Zeit lang fungierte dieses Geschäft als Hauptquartier der schwarzen Magier. Lord Voldemort selbst arbeitete als junger Zauberer in diesem düsteren Etablissement.

Das Ministerium rechtfertigt die Existenz der Nokturngasse damit, dass die Vertreter der schwarzen Magie an diesem Ort besser zu beobachten seien, als wenn sie ihren zwielichtigen Geschäften im Untergrund nachgehen würden.

St.-Mungo-Hospital

Das St.-Mungo-Hospital, gegründet vor ungefähr 400 Jahren von Mungo Bonham, ist eine Klinik für magische Krankheiten und Verletzungen. Sie liegt mitten in London, ist aber so perfekt getarnt, dass Muggel sie nicht als solche erkennen. Von außen sieht das Gebäude aus wie ein baufälliges Kaufhaus. Laut der dort angebrachten Schilder wird das fünfstöckige Gebäude schon seit Jahrzehnten renoviert. Es wirkt so abschreckend, dass kein Muggel freiwillig auch nur einen Fuß hineinsetzen würde.

Der Eingang für Zauberer und Hexen befindet sich in einem der Schaufenster. Flüstert man einer der verwahrlosten Schaufensterpuppen sein Anliegen zu, bewegt diese einen Finger und gibt den magischen Durchgang in die Eingangshalle des Krankenhauses frei.

Im St.-Mungo-Hospital werden die Patienten von speziell ausgebildeten Heilern versorgt. Besucher können an der Rezeption im Erdgeschoss erfahren, in welche Abteilung sie sich begeben müssen.

Das Krankenhaus ist in folgende Abteilungen aufgeteilt:

EG: Utensilien-Unglücke
1. Stock: Verletzungen durch Tierwesen
2. Stock: Ansteckende Krankheiten
3. Stock: Vergiftungen aller Art
4. Stock: Fluchschäden
5. Stock: Cafeteria

Winkelgasse

Jedes einzelne Geschäft in der Winkelgasse ist ein spezieller Ort mit eigener magischer Energie. Die Verkaufsräume passen sich in ihrer Erscheinung dem jeweiligen Sortiment an. Manche Inhaber helfen mit etwas Zauberei nach, meist ist dies aber nicht nötig.

Zu den wichtigsten Geschäften gehören:
- Ollivander,
- Flourish & Blotts,
- Weasleys Zauberhafte Zauberscherze,
- Madam Malkins Anzüge für alle Gelegenheiten,
- Die Magische Menagerie,
- Gringotts.

Ollivander

Jeder britische Magier erwirbt den Zauberstab, der ihn in der Regel sein Leben lang begleitet, bei Garrick Ollivander in der Winkelgasse. Als er das alteingesessene Geschäft übernimmt, revolutioniert er den Zauberstabmarkt: Er weigert sich, Zauberstäbe im Auftrag der künftigen Eigentümer anzufertigen, wie dies jahrhundertelang üblich war, da er der Auffassung ist, ein Zauberstab müsse sich seinen Besitzer aussuchen – nicht andersherum.

Betritt ein Kunde das kleine Ladengeschäft, spürt er sofort die magische Energie, welche von Tausenden von Zauberstäben ausgeht, die in verstaubten, bis unter die Decke aufgestapelten Schachteln liegen. Er wird von Mr. Ollivander intensiv beäugt und vermessen, bis dieser schließlich zwei, maximal drei Zauberstäbe aus den Regalen holt. Beim Probezaubern wird schnell deutlich, welcher Zauberstab sich für den Kunden entschieden hat.

Flourish & Blotts

Die renommierteste und größte Buchhandlung führt jedes Buch, das in der magischen Welt jemals erschienen ist: Die Schüler von Hogwarts können hier ihre Schulbücher erwerben, Leseratten nach Herzenslust stöbern. Die Mitarbeiter der Buchhandlung verfügen über umfassende Kenntnisse der Zaubererliteratur und sind in der Lage, Kunden auch zu Raritäten oder gefährlichen Ausgaben (z. B. beißenden Monsterbüchern) zu beraten.

Weasleys Zauberhafte Zauberscherze

Das Geschäft für magische Scherzartikel in der Winkelgasse Nr. 93
wurde von den Zwillingen Fred und George Weasley gegründet, die
bereits während ihrer Schulzeit an der Entwicklung neuer Scherzartikel getüftelt und sich in Hogwarts einen höchst zufriedenen
Kundenkreis unter ihren Mitschülern aufgebaut hatten. In ihrem
Laden steht ein schier unerschöpfliches Sortiment magischer Ver-
gnüglichkeiten zur Auswahl.

Grimmauldplatz Nr. 12

An dieser Adresse ist das Heim der Blacks zu finden, seit Jahrhunderten im Familienbesitz. Sirius Black, der letzte lebende Vertreter der Black-Dynastie stellt das Haus am Grimmauldplatz Nr. 12 dem Orden des Phönix als geheime Kommandozentrale zur Verfügung.

Damit niemand, außer den Mitgliedern des Ordens, das Haus finden kann, wird es mit mehreren Sicherheitszaubern belegt. Der Geheimniszauber sorgt dafür, dass das Haus sich nur Eingeweihten zeigt, indem es sich zwischen die anderen, für alle sichtbaren Nachbarhäuser quetscht – sobald ein Zauberer das Haus wieder verlässt, wird die Erinnerung an die Adresse ausgelöscht.

Nach Sirius Blacks Tod erbt Harry das Haus – samt dem eigenwilligen Hauselfen Kreacher, den er nach Hogwarts schickt, damit dieser sich dort nützlich machen kann. Das Haus selbst betritt er so gut wie nie, er kann sich weder mit der dort herrschenden düsteren Atmosphäre anfreunden, noch die Erinnerungen an seinen Patenonkel ertragen.

Der Fuchsbau

Ein durch und durch magischer Ort ist der Fuchsbau, das gemütliche Heim der Familie Weasley. Das Haus liegt am Rande des kleinen Dorfs Ottery St. Catchpole in der Grafschaft Devon und wider-
spricht allen Regeln der Muggelstatik: Das windschiefe Gebäude
mit seinen fünf unterschiedlichen Stockwerken wirkt, als wollte es
jeden Moment einstürzen, zusammengehalten wird es nur durch die
Kraft der Magie.

Unter dem Dach des liebenswert chaotischen Haushalts hat sich
ein Ghul eingenistet, der regelmäßig durch lautes Heulen und Klop-
fen auf sich aufmerksam macht. Der wild wuchernde Garten des
Fuchsbaus muss von Zeit zu Zeit entgnomt werden.

Little Whinging

Das kleine Haus im Ligusterweg Nr. 4 in der Grafschaft Surrey gehört Harrys Tante Petunia und seinem Onkel Vernon, die es mit
ihrem Sohn Dudley bewohnen. Nach dem Tod seiner Eltern wächst
Harry dort auf, wird jedoch von der spießigen Muggelfamilie Dursley nie als gleichwertiges Familienmitglied akzeptiert. Die Dursleys
lassen keine Gelegenheit aus, den Jungen zu tyrannisieren. In der
Nacht, in der Harry seine Eltern verliert, belegt Albus Dumbledore
das neue Heim des Jungen mit einem Verteidigungszauber, der ihn
bis zu seinem 17. Lebensjahr vor magischen Angriffen schützen soll.

Kapitel 4

DIE 10 BEDEUTENDSTEN MAGISCHEN ARTEFAKTE

Je mehr man in die Welt der Hexen und Zauberer eintaucht, desto häufiger begegnet man Gegenständen, die es auf magische Weise in sich haben. Davon zu unterscheiden sind Muggelartefakte. Das sind Gegenstände, die aus der Welt der Muggel stammen und zusätzlich mit einem Zauber belegt sind, wie zum Beispiel der Ford Anglia der Weasleys. Sie werden in einer eigens dafür eingerichteten Abteilung des Zaubereiministeriums genauestens aufgelistet und überprüft: dem Büro für den Missbrauch von Muggelartefakten. Dort arbeitet ironischerweise auch Mr. Weasley. In diesem Kapitel geht es aber ausschließlich um die zehn bedeutendsten magischen und schwarzmagischen Artefakte, die aus der Zaubererwelt stammen und von Hexen oder Zauberern erschaffen wurden. Sie werden entweder im Alltag eingesetzt oder sind offiziell strengstens verboten – und werden inoffiziell trotzdem benutzt.

Portschlüssel

Portschlüssel ermöglichen Zauberern und Hexen eine magische Art der Fortbewegung, die vor allem für Gruppen mit demselben Reiseziel geeignet ist. Als Portschlüssel kann ein beliebiger Gegenstand dienen, wobei unauffällige Dinge – z. B. aussortierte Kleidungsstücke – zu bevorzugen sind, damit der Portschlüssel nicht etwa die Aufmerksamkeit neugieriger Muggel erregt.

Durch den Zauberspruch Portus wird der gewählte Gegenstand magisch verändert: Jeder, der ihn anfasst, wird automatisch an den Ort gebracht, den der Schöpfer des Portschlüssels als Zielort im Sinn hatte. Gruppenreisende brauchen sich nur an den Händen zu fassen und werden sogleich gemeinsam an den jeweiligen Ort versetzt. Deshalb bieten sich Portschlüssel als Transportmittel bei magischen Großveranstaltungen (wie den Quidditchweltmeisterschaften) an.

Vom Zaubereiministerium erstellte Portschlüssel können kontrolliert und unauffällig Tausende von Zauberern und Hexen transportieren, ohne dass Chaos entsteht. Bei internationalen Wettkämpfen, wie etwa der Quidditchweltmeisterschaft, würde ein massenhaftes, unkontrolliertes Apparieren zu Zusammenstößen und anderen Problemen führen.

Denkarium

Ein Denkarium ist eine flache, mit einer leuchtenden Flüssigkeit gefüllte Schale, in die Zauberer und Hexen ihre Erinnerungen fließen lassen können, um sie zu einem späteren Zeitpunkt wieder zum Leben zu erwecken. Ereignisse, die nicht in Vergessenheit geraten sollen, können im Denkarium für die Nachwelt erhalten werden. Ein Denkarium sollte gut bewacht werden, denn es kann kaum vermieden werden, dass es Geheimnisse preisgibt!

Karte des Rumtreibers

Nur wenige Eingeweihte wissen von der Existenz dieser magischen Karte. Sie kann ihrem Betrachter die verborgensten Winkel, Geheimgänge und unbekannten Räume auf Schloss Hogwarts zeigen. Da sich das magische Gebäude ständig verändert, funktioniert die Nutzung der Karte des Rumtreibers nur, wenn die richtigen Zauberformeln gesprochen werden. Diese kennen lediglich die Erfinder der Karte selbst (Sirius Black und seine Verbündeten), die Weasley-Zwillinge sowie Harry und seine Freunde.

Zum Aktivieren der Karte tippt man sie mit dem Zauberstab an und spricht: »Ich schwöre feierlich, dass ich ein Tunichtgut bin!« Um sie wieder zu löschen, braucht man die Formel: »Missetat begangen!«

Die Karte des Rumtreibers erweist Harry bei seinen Abenteuern auf Hogwarts wichtige Dienste. Sie zeigt nicht nur das Schloss und das umgebende Gelände, sondern auch alle Personen, die sich gerade dort befinden, als sich bewegende Punkte. Sie können mithilfe der Karte heimlich beobachtet werden. Gelangt die Karte in die Hände eines Unwissenden, ist sie nichts weiter als ein unbeschriebenes Blatt Pergamentpapier.

Spiegel Nerhegeb

»NERHEGEB Z REH NIE DREBAZ TILT NANIEDTH CIN« – so lautet die Inschrift auf dem großen, goldgerahmten Spiegel. Rückwärts gelesen wird daraus: »NICHT DEIN ANTLITZ ABER DEIN HERZBEGEHREN.« Anhand dieser Inschrift wird klar, was der verzauberte Spiegel bewirkt: Jeder sieht darin das, was sein Herz am meisten begehrt. Die Kurzfassung der Inschrift ist sein Name selbst, denn »Nerhegeb« bedeutet rückwärts gelesen nichts anderes als »Begehren«.

Dieses mächtige Artefakt befindet sich im Besitz von Albus Dumbledore, der es gut verborgen in Hogwarts aufbewahrt. Als Harry den Spiegel in seinem ersten Schuljahr zufällig entdeckt, als er vor dem Hausmeister Argus Filch in ein ungenutztes Klassenzimmer flieht, ist er fasziniert von der Wirkung des verzauberten Möbelstücks. Denn natürlich sieht auch Harry in dem Spiegel das, was sein Herz am meisten begehrt: seine Familie. Er kann sich kaum von dem Anblick lösen. Dumbledore erklärt ihm später, dass schon manch ein Zauberer durch den Blick in den Spiegel Nerhegeb verrückt geworden sei. Dem gegenüberzustehen, was das eigene Herz am meisten begehrt, machte sie unfähig, wieder in die Gegenwart zurückzukehren. Dumbledore nutzt die Fähigkeit des Spiegels, um zu erkennen, welchen echten Herzenswunsch der Betrachter hegt. Er verzaubert den Spiegel mit einem zusätzlichen Bann, sodass er den Stein der Weisen in ihm verstecken kann, ohne dass ihn der Falsche entwenden könnte.

Sprechender Hut

Auf den ersten Blick wirkt der Sprechende Hut vielleicht nicht so, als könnte man ihn als eines der wichtigsten magischen Artefakte der Zaubererwelt bezeichnen. Doch bei näherer Betrachtung wird klar, dass in dem alten Kleidungsstück jede Menge mächtiger Magie steckt.

Ursprünglich befand sich der Hut im Besitz von Godric Gryffindor, und der Hogwarts-Gründer war es auch höchstpersönlich, der den Hut so verzauberte, dass er mit dem Schwert von Gryffindor verbunden ist. Nur deshalb gelingt es Harry in der Kammer des Schreckens, das Schwert aus dem Sprechenden Hut zu ziehen, den Fawkes mitbringt. Der Zauber ist dabei so ausgelegt, dass nur ein »wahrer Gryffindor« das Schwert in dem Hut finden kann. Damit sind endlich auch Harrys letzte Zweifel, ob er wirklich ins Haus Gryffindor gehört, zerstreut.

Doch der Sprechende Hut kann noch mehr. In ihm schlummern das Gedächtnis und das Wissen aller Hogwarts-Gründer, die ihn gemeinsam verhext haben. Daher kann er jeden Schüler in das Haus schicken, in dem dieser am besten aufgehoben ist. Der Hut ist in der Lage, ins Innere der Schüler zu blicken und ihren wahren Charakter zu erkennen. Generationen von Hexen und Zauberern verteilt er auf die vier Häuser von Hogwarts, in denen sie ihre magischen Fähigkeiten am besten schulen und ausbilden können.

Abgesehen von der Einteilung in die verschiedenen Häuser, ist es der Sprechende Hut, der zu Beginn eines neuen Schuljahrs vor drohenden Gefahren warnt und die gesamte Schülerschaft jedes Jahr aufs Neue daran erinnert, dass alle zusammenhalten müssen. Er ist sozusagen das sprechende Gewissen der Gründer und wurde ebenso wie Harrys Tarnumhang durch einen Zauber unzerstörbar gemacht.

5

Zeitumkehrer

Der Zeitumkehrer ist eine kleine silberne Sanduhr an einer Halskette. Mit jeder Umdrehung des Stundenglases reist der Träger eine Stunde zurück. Er kann so die bereits erlebte Zeit ein zweites Mal erleben und sie auf diese Weise doppelt nutzen oder nachträglich etwas in das bereits Erlebte einfügen. Allerdings bergen solche Zeitreisen auch ein nicht geringes Maß an Gefährlichkeit. Zeitreisende dürfen nichts ändern, was sie bereits erlebt haben. Sie können einzig etwas dazu Passendes einfügen. Während der Zeitreise dürfen sie von niemandem gesehen werden, nicht einmal von sich selbst, da sonst die Naturgesetze von Zeit und Raum auf den Kopf gestellt werden.

Hermine macht sich (in *Harry Potter und der Gefangene von Askaban*), den Zeitumkehrer – natürlich mit ausdrücklicher Genehmigung des Zaubereiministeriums! – zunutze, um in ihrem dritten Schuljahr das Überpensum sämtlicher Fächer, die sie gewählt hat, bewältigen zu können. Sie hat die Auflage vom Ministerium, den Zeitumkehrer geheim zu halten und ihn ausschließlich zu dem Zweck der Bewältigung des Stundenplans zu verwenden.

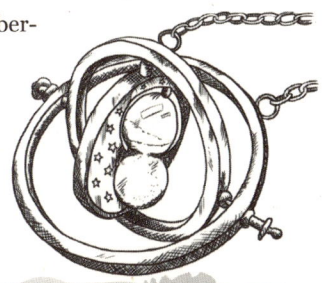

Am Ende des Schuljahres vergeht sie sich aber gravierend an den Auflagen des Ministeriums. Sie weiht Harry in den Gebrauch ein und reist mit ihm zusammen zurück in die Vergangenheit, um Sirius Black und Seidenschnabel zu retten. Zwar verstoßen sie dabei gegen die Zaubereigesetze, schaffen es aber trotzdem, das bereits Geschehene zu wahren und von niemandem gesehen zu werden.

Der Stein der Weisen

Dieser sagenumwobene Stein ist auch in der Muggelwelt bekannt. Doch während die Muggel von einer jahrtausendealten Sage ausgehen, derzufolge der Gott Hermes die Machart des Steines entdeckt und niedergeschrieben haben soll, weiß man es in der magischen Welt besser: Nicolas Flamel, ein Freund Dumbledores, war es, der den Stein in Wirklichkeit herstellte. Wer über das entsprechende Wissen verfügt, kann mithilfe des Steins der Weisen ein Elixier brauen, das das Leben verlängert. Außerdem kann jedes beliebige Metall, das der Stein berührt, in Gold verwandelt werden. Nachdem die Gier der Menschen – egal ob Zauberer oder Muggel – auf ein ewiges Leben schon immer schier unermesslich war, beschließen Dumbledore und sein Freund Flamel, den magischen Stein zu zerstören. Die Gefahr, dass der Stein in die falschen Hände gelangen und ewiges Leid erzeugen könnte, ist einfach zu groß!

Die Heiligtümer des Todes
Die drei Heiligtümer des Todes sind definitiv die mächtigsten und gefährlichsten Artefakte der magischen Welt. Sie machen ihren Besitzer zum Herrscher über Leben und Tod – und somit faktisch über alle anderen lebenden Hexen und Zauberer. Sie dürfen also unter keinen Umständen in die falschen Hände geraten!

3

Der Tarnumhang

Dieser sehr spezielle Tarnumhang kann nur durch Vererbung weitergegeben werden. Das Besondere an diesem Umhang ist, dass er nicht wie andere Tarnumhänge nach einer gewissen Zeit seine Kraft verliert. Er ist unzerstörbar und damit weder durch spezielle Zauber noch durch mechanische Einwirkung zu beeinflussen. Außerdem sagt man ihm nach, dass sich sein rechtmäßiger Besitzer damit sogar vor dem Tod selbst verstecken kann.

Der Stein der Auferstehung

Die Legende besagt, dass der Stein der Auferstehung – ein pech-schwarzer Edelstein – das einzige Artefakt auf der ganzen Welt ist, das Tote für immer zurück in die Welt der Lebenden holen kann. Die Zurück-geholten kehren als Mischung aus Geist und Erinnerung an den ver-storbenen Menschen zurück. Leider hat diese Macht aber einen gewaltigen Haken: Meist wollen die Verstorbenen gar nicht mehr zurück in die Welt der Lebenden.

Der Elderstab

Dies ist der mächtigste Zauberstab aller Zeiten. Eine Hexe oder ein Zauberer kann ihn nur erringen, indem er den Vorbesitzer im Kampf besiegt oder entwaffnet. Nur in diesen Fällen geht der Elderstab mitsamt seiner Macht auf den neuen Besitzer über. Dieser wird automatisch zum mächtigsten Zauberer der Welt, da er durch den Besitz des Elderstabs unbesiegbar wird.

Kapitel 5

MAGISCHE WESEN

Neben Zauberern und Hexen gibt es viele weitere
Geschöpfe und Wesen, die die magische Welt von Harry
Potter bevölkern. Manchen sieht man ihre besonderen
Fähigkeiten nicht gleich an, bei anderen handelt es sich
um Märchen- oder Sagenfiguren. Und auch Geister oder
Schreckensgespenster sind Harry, Hermine und Ron nicht
fremd. Es gibt aber eines, was alle gemeinsam haben:
Sie besitzen geheime Kräfte.

Hippogreif

Hippogreife haben das Hinterteil eines Pferdes, der vordere Teil des Körpers besteht aus Flügeln und einem riesigen Adlerkopf. Sie ernähren sich von Insekten und kleinen Säugetieren. Im Umgang mit den stolzen, empfindlichen Wesen, die eine Spannweite von bis zu fünf Metern erreichen können, ist größte Vorsicht geboten. Bei einer Begegnung muss ständiger Augenkontakt gehalten werden, ohne dabei zu blinzeln. Verbeugt sich der Zauberer und seine Verbeugung wird nicht erwidert, bleibt nur noch die Flucht. Wird die Geste höflich erwidert, kann man sich mit vollem Vertrauen nähern und in seltenen Fällen sogar einen Ritt auf dem Rücken des Hippogreifs genießen.

Irrwicht

Irrwichte sind Gestaltwandler, die immer genau die Gestalt annehmen, vor der sich ihr Gegenüber am meisten fürchtet. Sie leben in dunklen, engen Räumen (z. B. in Schränken), ihr wahres Aussehen ist nicht bekannt. Es gibt zwei Arten, sich eines Irrwichts zu entledigen: Man kann ihn mithilfe des Riddikulus-Zaubers so lächerlich machen, dass er vor Scham verschwindet. Für den Fall, dass man ihm nicht allein begegnet, sondern ihm zu zweit oder in einer größeren Gruppe gegenübersteht, kann man den Irrwicht durch Verwirrung loswerden: Er kann sich nicht entscheiden, welche Angst er spiegeln soll, und löst sich in Luft auf.

Jobberknoll

Die Fähigkeit des magischen Vogels, sich an alles zu erinnern, wird bei der Zubereitung von Zaubertränken genutzt. Um Wahrheiten

oder Erinnerungen zutage zu fördern, kann eine Feder des blau ge-
tupften Vogels in das Gebräu gemischt werden. Jobberknolle sind
nicht leicht zu finden, da sie vollkommen stumm sind. Lediglich im
Moment ihres Todes geben sie einen lauten Schrei von sich.

Gnom

Gnome sind etwa 30 Zentimeter große Bewohner magischer Gärten. Die Wesen mit den runden Knollennasen in ihren ledrigen
Gesichtern sind bei Zauberern und Hexen nicht unbedingt beliebt.
Sie hausen in Gruppen unter der Erde und verwüsten durch ihre
unterirdischen Bauten jeden Garten innerhalb kürzester Zeit: Sie
knabbern die Wurzeln der Pflanzen an und schichten Erdhaufen
aufeinander, um Ausgänge zu graben. Gärten mit Gnombefall müssen »entgnomt« werden, um den Schaden in Grenzen zu halten.
Doch Gnome sind stur, sie kehren häufig unter lautstarkem Gezeter
wieder in den Garten zurück, aus dem sie vertrieben wurden.

Grindeloh

Der Grindeloh ist ein kleiner Wasserdämon mit grüner Haut, auf
dem Kopf des boshaften Wesens sitzen kleine Hörner. Grindelohs
leben auf dem Grund tiefer Gewässer, wo sie ihren Opfern auf-
lauern. Haben sie eines ausfindig gemacht, greifen sie es grundlos
an und klammern sich mit ihren langen und kräftigen Fingern fest.
Die einzige Möglichkeit, sich aus dem Griff eines Grindeloh zu befreien, ist die Anwendung des Relaschio-Zaubers – oder aber man
bricht ihm die Finger.

Hinkepank

Den Hinkepanks ist eine eigene Unterrichtseinheit in »Verteidigung gegen die dunklen Künste« gewidmet, denn das unscheinbar wirkende Wesen ist ungeheuer gefährlich. Die einbeinigen Kreaturen leben in Sümpfen und haben Spaß daran, Menschen mit ihren kleinen Laternen in den Sumpfgebieten so lange in die Irre zu führen, bis diese schließlich einen jämmerlichen Tod im Morast erleiden. Sie zählen zu den Irrlichtern und sehen aus, als würden sie aus harmlosen Rauchschwaden bestehen. In der Muggelwelt kennt man diese aus alten Sagen.

Elf

Elfen existieren sowohl in der magischen Welt als auch in der Welt der Muggel. Die Wesen sind etwa 40 Zentimeter groß, haben keine Haare, fledermausartige Ohren und auffällige Glubschaugen. In seltenen Fällen leben Elfen frei in Wäldern, die meisten von ihnen dienen mächtigen Zaubererfamilien oder magischen Institutionen (wie Hogwarts) als Hauselfen. Die Haltung von Hauselfen ist inzwischen sehr umstritten, da das Arbeitsverhältnis an Sklaverei erinnert. Es liegt jedoch in der Natur der Elfen, zu dienen, sie sind ihren Herren treu ergeben. Nicht alle Zauberer sind sich im Klaren darüber, dass Elfen über nicht zu unterschätzende magische Fähigkeiten verfügen. Sie setzen diese in der Regel nur zur Erledigung ihrer Aufgaben ein. Es besteht die Möglichkeit, dem eigenen Hauselfen die Freiheit zu schenken – der Elf darf seinen Herrn jedoch nur verlassen, wenn er von diesem ein

Kleidungsstück bekommt. Das Zaubereiministerium hat inzwischen von einer pauschalen Freilassung der Hauselfen abgesehen und bittet die Besitzer stattdessen um einen artgerechten Umgang.

Acromantula

Acromantula sind riesenhafte Spinnen, die in einem Rudel zusammenleben. Sie erreichen eine Körpergröße von mindestens vier Metern, zudem können sie sprechen und denken wie Menschen. Sie verfügen über acht Augen, ein todbringendes Mundwerkzeug und tödliches Spinnengift. Aragog, der König der Riesenspinnen, lebt (bis zu seinem Tod mit beinahe 60 Jahren) im verbotenen Wald. Hagrid hatte ihn unerlaubterweise als Ei erworben und aufgezogen, die beiden verbindet eine tiefe Freundschaft. Aragog erteilt deshalb seinen Nachkommen das Verbot, ihn zu töten. Es ist allerdings fraglich, ob sich nach seinem Ableben alle an dieses Versprechen halten werden. Das Zaubereiministerium stuft die Acromantula als höchstgefährliche Art ein.

Aschwinderin

Eine Aschwinderin entsteht, wenn ein magisches Feuer unbeobachtet brennt. Diese kleine und unscheinbare Schlange, die sich aus der heißen Asche windet, ist an sich ungefährlich. Die glühend heißen Eier jedoch, die das Tier in einer Ecke des Hauses, in dem sie »geboren« wurde, ablegt, sind brandgefährlich: Bleibt das Gelege unbemerkt, steht das ganze Gebäude nach kurzer Zeit in Flammen. Werden die Eier rechtzeitig gefunden und tiefgekühlt, können sie von großem Nutzen sein, unter anderem sind sie als Zutat für Zaubertränke äußerst begehrt.

Basilisk

Ein Basilisk ist ein sehr seltenes magisches Tier, da es nur dann geboren wird, wenn eine Kröte ein Hühnerei ausbrütet. Es gilt als König der Schlangen und ist das einzige Wesen der magischen Welt, vor dem sich die Acromantula fürchten. Es handelt sich um ein monströses grünes Exemplar, das bis zu 18 Meter lang werden kann und mit Leichtigkeit mehrere Jahrhunderte überlebt. Mit seinem tödlichen Blick kann der Basilisk in Sekundenschnelle alles Leben auslöschen oder sein Opfer versteinern. Dieses Monster ist nicht beherrschbar. Nur Parselmünder können mit der todbringenden Schlange in Kontakt treten. Das einzige Mittel, einen Basilisken aus-zuschalten, ist das Krähen eines Hahnes.

Dementoren

Diese schrecklichen Kreaturen bringen etwas Schlimmeres als den Tod: Sie rauben ihren Opfern jegliche Form von Glück und Freude. Ihre bloße Anwesenheit reicht aus, um alle Lebewesen in ihrer Nähe in tiefste Verzweiflung zu stürzen. Der Name ist von den lateini-schen Wörtern »de« (= weg) und »mens« (= Geist) abgeleitet. De-mentoren sind große, in weite Kapuzenumhänge gehüllte Gestalten, deren Aufgabe es ist, das Gefängnis von Askaban zu bewachen. Sie werden nicht geboren, sondern wachsen von Zeit zu Zeit wie Pilze aus dem Boden. Unter den Umhängen stecken furchterregende, schleimige Wesen, die, anstelle von Augen, verschorfte Wunden haben. Mit jedem ihrer rasselnden Atemzüge saugen sie Glück und Freude aus allem Lebendigen. Wenn sie ihre Kapuze heben, um ihr Opfer zu »küssen«, wird dessen Seele aus dem Körper gesogen. Zurück bleibt eine leere, vor sich hinvegetierende Hülle, zu einem Leben in unendlicher Traurigkeit verdammt.

Ein gut ausgeführter Patronuszauber kann kurzzeitig helfen, Dementoren abzuwehren. Trotzdem ist es angeraten, sofort die Flucht zu ergreifen, ein probates Mittel ist z. B. das Apparieren. Hat man die Begegnung mit einem Dementoren überstanden, hilft am besten ein Stück Schokolade, um wiederhergestellt zu werden. Nichts anhaben können Dementoren einer Person, wenn diese sich in einen vollkommen glücklosen Zustand versetzen kann. (Sirius Black überlebte auf diese Art die Jahre seiner Gefangenschaft in Askaban.)

Für Muggel und Squibs sind Dementoren zwar nicht sicht-, aber sehr wohl spürbar. Dem Zaubereiministerium liegen etliche Berichte von Muggeln vor, die nach einer Begegnung mit Dementoren von einem diffusen und unerklärlichen Gefühl der Traurigkeit berichten, das sie ganz plötzlich überfallen habe. Sie machten hierfür meist unheilbare Krankheiten oder einen Mangel verantwortlich, ohne zu ahnen, dass die Symptome durch die Nähe der Dementoren ausgelöst wurden.

Trotz des von Kingsley Shacklebolt während seiner Amtszeit als Zaubereiminister erlassenen Verbots, Dementoren gegen Hexen und Zauberer einzusetzen, kommt es regelmäßig zu Zwischenfällen in der magischen Welt. Erstaunlicherweise scheinen sich jedoch viele der unheilbringenden Wesen in die Welt der Muggel zurückgezogen zu haben – vermutlich wegen der besseren Lebensbedingungen ...

Drache

Es existieren zehn verschiedene Drachenarten und diverse Unterarten, die durch Kreuzungen entstehen. Generell gelten Drachen als besonders gefährlich, unberechenbar und unbezähmbar. Vor allem die Weibchen, in ihrer Statur noch gewaltiger als die Männchen, reagieren in Zeiten der Brutpflege äußerst aggressiv, wenn man sich dem Gelege nähert.

Um einen ausgewachsenen Drachen (der eine Größe von bis zu 20 Metern erreichen kann) unter Kontrolle zu bekommen, sind Fachwissen und ein Team von mindestens fünf Zauberern vonnöten. Beim Versuch der Zähmung eines Drachen muss die jeweilige Rasse berücksichtigt werden, um zusätzliche Gefahren abschätzen zu können. Bestimmte Merkmale, wie Stacheln oder die Fähigkeit, Feuer zu spucken, haben sich als besonders gefährlich erwiesen. Der Handel mit Dracheneiern ist strengstens verboten, ebenso die Haltung eines Drachen zu privaten Zwecken. Drachen sind ein natürlicher und schützenswerter Bestandteil der magischen Welt, die Erhaltung der Artenvielfalt obliegt dem Zaubereiministerium. Von der Abteilung zur »Führung und Aufsicht magischer Geschöpfe« wurden diverse Drachenauffangstationen gegründet, wo die Wesen artgerecht gehalten und von Fachkräften betreut werden.

Die gefährlichsten Drachenarten sind:
*   der ungarische Hornschwanz,
*   der chinesische Feuerball,
*   der schwedische Kurzschnäuzler,
*   der norwegische Stachelbuckel.

Einhorn

Die weiß schimmernden, anmutigen Geschöpfe mit dem gedrehten Horn auf der Stirn sind die sagenumwobensten unter den magischen Wesen. Selbst in den Mythen der Muggel hat das Einhorn einen besonderen Stellenwert. Es gilt als die Verkörperung von Reinheit und Tugend und steht für das Gute.

Einhörner sind nicht von Anfang an strahlend weiß. Nach der Geburt hat das Fell der Fohlen eine goldene Färbung, nach etwa zwei Jahren beginnt es silbern zu glänzen. Dies wurde schon manchem jungen Einhorn zum Verhängnis. Mit etwa sieben Jahren nimmt das Fell seine weiße Farbe an, das Horn wächst im vierten Lebensjahr.

Einhörner sind der Inbegriff der Unschuld. Sobald sie ausgewachsen sind, zeigen sie sich ausschließlich Mädchen und Frauen. Jungen und Männer bekommen die Tiere nur als Fohlen zu sehen. Die magischen Kräfte der Einhörner sind enorm, das Blut eines Einhorns kann sogar Tote zurück ins Leben holen. Wer jedoch das Blut eines getöteten Einhorns trinkt, zieht einen lebenslangen, unbrechbaren Fluch auf sich. Die Last dieses Fluchs ist so schwer, dass der Betreffende irgendwann den eigenen Tod herbeisehnen wird.

Knallrümpfiger Kröter

Beim Knallrümpfigen Kröter handelt es sich wahrscheinlich um eine Kreuzung aus einem Mantikor (oder einer Heuschrecke) mit einer Feuerkrabbe. Zunächst sind Knallrümpfige Kröter nur etwa 30 cm lang und ähneln dabei schalenlosen Hummern mit vielen Beinen. Sie sind schleimig und stinken. In dieser Wachstumsphase lassen sich die Tiere noch füttern, die einzige Gefahr, die von ihnen ausgeht, sind Funken, die aus ihrem Rumpf hervorbrechen und schmerzhafte Verbrennungen hervorrufen können. Mit ungefähr vier Monaten ist ihre Entwicklung abgeschlossen, dann verfügen die, nunmehr drei Meter langen, Monster über einen tödlichen Stachel, ähnlich dem eines Skorpions. Durch ihren festen Panzer sind sie beinahe unangreifbar, einzig der ungepanzerte Bauch kann mit einem Lähmzauber getroffen werden. Knallrümpfige Kröter sind ausgesprochen aggressiv, sie fressen alles, was aus Fleisch besteht – im Notfall sogar ihre eigenen Artgenossen.

Kobolde

Magische Kobolde sind ungefähr so groß wie angehende Schulkinder, haben spitze Bärte und ein dunkel gefärbtes Gesicht. Ihre Finger und Füße sind überdimensional lang. Sie sind verschlagene und schlaue Wesen, die sogar über eine eigene Sprache, das »Koboldogack«, verfügen. Sie leiten unter anderem die Zaubererbank Gringotts. Ihre Gewitztheit und der seit Jahrhunderten schwelende Zorn darüber, Zauberern und Hexen in der Hierarchie untergeordnet worden zu sein, machen die Kobolde gefährlich. Inzwischen wurden sie zwar als magische Wesen eingestuft, es ist ihnen jedoch untersagt, Zauberstäbe zu benutzen. Die Kobolde lassen keine Gelegenheit aus, Hexen und Zauberer zu ärgern. Sie unterhalten sich in der Koboldsprache, die außer ihnen kaum jemand versteht. Ihre Fähigkeit, mit den Fingern zu zaubern, nutzen sie, um die Bankgeschäfte zu ihren Gunsten zu manipulieren.

Phönix

Der Phönix ist eines der ältesten magischen Wesen. Sein Federkleid ist scharlachrot, wobei die Färbung bis zu seinen langen Schwanzfedern in gleißendes Gold übergeht. Auch sein Schnabel ist goldfarben, seine Augen hingegen tiefschwarz. Seine Größe ist mit der eines Schwans vergleichbar. Selbst in der Muggelwelt ist der sagenumwobene Phönix bekannt. Hier gilt er als Sinnbild für die Wiedergeburt, da er nach dem Flammentod aus seiner eigenen Asche aufersteht. (Selbstverständlich sind die Muggel weder über die heilende Kraft seiner Tränen noch über seine riesigen Kräfte im Bilde.)

Der Gesang des Phönix ist magisch, er stärkt Herzenskraft und Mut der Schwachen, schlechten Menschen beschert er hingegen Angstzustände. Es kommt vor, dass Muggel dem überirdischen Gesang eines Phönix lauschen. Dies geschieht jedoch nur im Traum oder erweiterten Bewusstseinszuständen, weshalb dies meist als pure Einbildung abgetan wird.

Ein Phönix eignet sich kaum als Haustier. Nur wenn er selbst entscheidet, sich bei einem bestimmten Magier niederzulassen, kommt es zu einer Lebensgemeinschaft. Dies kann grundsätzlich ausschließlich aus freien Stücken geschehen. Lediglich sehr mächtige Magier, mit einem tiefen Verständnis für das Wesen dieser herrlichen magischen Kreatur, werden von Phönixen auserkoren.

Riese

Riesen gelten als ausgestorben, es kursieren jedoch Gerüchte, denen zufolge noch einige Exemplare in unauffindbaren Bergtälern hausen. Echte Riesen können eine Größe von über sieben Metern erreichen und sind für ihre Angriffslust und Grausamkeit bekannt.

Von Natur aus handelt es sich um Einzelgänger, die sich jedoch angesichts fortwährender Verfolgung durch Auroren und Muggel gezwungen sahen, in Gruppen abgelegene Orte zu besiedeln. Diese Art des Zusammenlebens ist für die Riesen unerträglich, weshalb diese sich regelmäßig gegenseitig angreifen und umbringen. Es ist also nur eine Frage der Zeit, bis sich die Riesen selbst ausgerottet haben werden.

Thestral

Aufgrund ihres unheimlichen Aussehens werden Thestrale (oft zu Unrecht) mit schwarzer Magie oder gar dem Tod selbst in Verbindung gebracht.

Die Statur der Thestrale ähnelt der von Pferden, doch der Rest ihrer Erscheinung ist furchteinflößend: Ihr Kopf gleicht dem eines Drachen, der knochige Körper ist mit einer schwarzen, ledrigen Haut überzogen. Seitlich am Rumpf befinden sich fledermausartige Flügel, die Augen sind weiß und pupillenlos.

Nur wer schon einmal beim Tod eines Menschen zugegen war, kann Thestrale sehen. Dies mag der Grund für deren schlechten Ruf in der magischen Welt sein. Dabei handelt es sich um gutmütige Geschöpfe, die bei artgerechter Haltung sogar als Nutztiere taugen. Hagrid setzt eine ganze Herde von Thestralen als Kutschpferde ein, um die Schüler vom Bahnhof in Hogsmeade zur Schule zu bringen.

Troll

Trolle können bis zu drei Meter groß werden und sind aufgrund
ihrer grobschlächtigen Statur äußerst furchteinflößend. Im Vergleich zum Körper ist der Kopf sehr klein, die viel zu langen Arme
können bis zum Boden reichen, die blasse Haut schimmert weiß bis
grünlich. Die unförmigen Beine der Kreaturen sind kurz und dick,
die platten Füße verhornt. Der beißende Geruch, der von Trollen
ausgeht, ist schier unerträglich und führt häufig zu Ohnmachts-
anfällen. Trolle sind für ihre unsägliche Dummheit bekannt. Nicht
ohne Grund ist die schlechteste Note, die ein Schüler in Hogwarts
bekommen kann, ein »T« (dieses steht für »Troll«). Diese Dummheit
macht Trolle jedoch sehr gefährlich, sie sind angriffslustige, grausame Wesen. Jederzeit muss damit gerechnet werden, dass sie, ohne
bestimmten Grund, mit ihren Knüppeln auf alles einschlagen, was
ihnen in die Quere kommt.

Sollte man einem Troll begegnen, empfiehlt es sich, die Flucht zu
ergreifen. Diverse Schwebezauber können den Troll kurzzeitig außer
Gefecht setzen. Auf keinen Fall sollte man versuchen, mit einem
Troll zu kommunizieren, denn jeglicher Appell an ihren Verstand ist
vollkommen sinnlos. Trolle verständigen sich mithilfe von für andere Lebewesen unverständlichen Grunzlauten.

Zentaur

Das eigenwillige, stolze Volk der Zentauren stammt ursprünglich
aus Griechenland. Die Gestalt dieser seltenen Wesen setzt sich aus
dem Oberkörper eines Mannes und dem unteren Teil eines Pferds
zusammen. Sie leben unter ihresgleichen und nach ihren eigenen
Regeln in den vom Zaubereiministerium bereitgestellten Wald-

gebieten. Zentauren lehnen Gesetze und Vorschriften anderer strikt ab, sie bleiben am liebsten unter sich.

Zentauren sind hervorragende Bogenschützen von kraftvoller Statur, die sich hervorragend verteidigen können. Man sollte sich ihnen nur mit größter Vorsicht nähern, Zentauren reagieren höchst empfindlich auf jede Art der Störung. Die klugen, melancholischen Geschöpfe sind philosophische Sterndeuter: Der Blick in die Sterne verrät ihnen die Zukunft – und was sie am Himmel sehen, interessiert sie weit mehr als das irdische Dasein. Sie haben sogar einen Eid geschworen, die Zeichen des Himmels niemals anzuzweifeln. Sie glauben fest daran, dass ohnehin alles, was geschieht, vorherbestimmt ist.

Die Weissagungen der Zentauren sind oft nicht oder nur schwer zu verstehen. Da sich Zentauren allen anderen Wesen intellektuell überlegen fühlen, sehen sie keine Veranlassung, ihre Ausdrucksweise zu ändern.

Werwolf

Werwölfe sind höchst gefährliche und zugleich bemitleidenswerte Kreaturen: Menschen, die von einem Werwolf gebissen, aber nicht getötet wurden, verwandeln sich in Vollmondnächten selbst in eine wütende Bestie. Die Verwandlung ist für den Betroffenen eine schmerzhafte Tortur: Bei vollem Bewusstsein erlebt er das Reißen der Haut, das rasante Wachstum der Knochen und des Fells.

Die Stellung der Werwölfe in der magischen Gesellschaft ist von Ausgrenzung und Diskriminierung geprägt. Werwölfe leben meist zurückgezogen, sie gelten als missmutige und unfreundliche Einzelgänger. Die Gefahr, die von einem Werwolf in jeder Vollmondnacht ausgeht, kann nur durch den Wolfsbanntrank in Schach gehalten werden. Wird dieser rechtzeitig eingenommen, kann zwar die eigentliche Verwandlung nicht aufgehalten werden, doch es vergeht die Begierde, Jagd auf Menschen zu machen. Leider existieren jedoch auch trotz des Wolfsbanntranks noch Werwölfe, denen es Genugtuung verschafft, andere zu beißen und ihnen unwiderruflich dasselbe Schicksal aufzubürden, das sie selbst zu tragen haben.

Wichtel

Wichtel erreichen eine Größe von bis zu 20 Zentimetern, sind leuchtend blau und verfügen über auffällig schrille Stimmen, sind jedoch selbst sehr lärmempfindlich. Ihr Hauptbestreben ist es, Menschen boshafte und hinterhältige Streiche zu spielen. Dabei schrecken sie auch nicht vor Handgreiflichkeiten zurück und fügen ihren Opfern schmerzhafte Biss- und Kratzwunden zu. Sie sind erstaunlich kräftig und können z. B. eine Person an einen anderen Ort befördern, indem sie diese an den Ohren hinter sich her schleifen. Da Wichtel fliegen können (obwohl sie keine Flügel besitzen), finden sich ihre Opfer häufig in Baumkronen, an Kronleuchtern oder auf Dächern wieder. Wenn Wichtel in Horden auftreten, stacheln sich die gemeinen Geschöpfe gegenseitig zu immer größeren Missetaten an.

Kapitel 6

MAGISCHE PFLANZEN UND IHRE WIRKUNG

Magische Pflanzen dienen in der Welt der Zauberer und Hexen vor allem als Zutaten für Zaubertränke. Im Kräuterkundeunterricht in Hogwarts werden Zauberschüler mit ihren Wirkungsweisen vertraut gemacht. Der kleinste Fehler in der Aufzucht und Pflege dieser lebendigen magischen Gewächse kann zu schweren Verletzungen und manchmal sogar zum Tod führen, dasselbe gilt für die falsche Dosierung oder Anwendung der Tränke. Viele Pflanzen existieren auch in der Muggelwelt, in der sie als Heilkräuter genutzt werden.

Abessinische Schrumpelfeige

Die Früchte des magischen Feigenbaumes werden meist gehackt, oder auf andere Weise zerkleinert, in verschiedenen Zaubertränken, wie z. B. dem Schrumpftrank, verwendet. Im zweiten Schuljahr auf Hogwarts lernen die Schüler im Fach Kräuterkunde, wie der Schrumpelfeigenbaum zu pflegen ist. Dazu gehören das regelmäßige Wässern und das Zurückschneiden der Äste.

Affodill

Der Affodill existiert sowohl in der magischen als auch in der Muggelwelt. Er gedeiht am besten in mildem Klima, etwa an der Mittelmeerküste Europas. Seine lilienähnlichen Blüten sind weiß, blau oder gelb. Die Affodillwurzel und -blüten sind bei den Muggeln für ihre schmerzstillende und abschwellende Wirkung bekannt. Die Pflanze wird z. B. zur Behandlung von stark blutenden Wunden eingesetzt. In der magischen Welt ist der Affodill unter anderem als Zutat für den Trank der lebenden Toten bekannt. Die Wurzel muss zerkleinert werden, damit sie ihre Wirkung voll entfalten kann. Die Zubereitung des gefährlichen Gebräus ist schwierig und wird in Hogwarts erst im sechsten Jahr der Ausbildung gelehrt.

Alraune

Die Alraune ist in beiden Welten bekannt. Seine wahre Gestalt zeigt das Gewächs jedoch nur Hexen, Zauberern und magischen Wesen. In der Muggelwelt kennt man die Alraune seit Jahrtausenden als hochgiftige Heilpflanze. Sie wird als unscheinbare, buschartige Pflanze mit roten Beeren beschrieben, deren Wurzelwerk an die Gestalt eines Menschen erinnert. Die frühen Aufzeichnungen der Muggel sind in der Tat nicht allzu weit von der magischen Realität entfernt: Im Mittelalter vermieden Muggel, die Pflanze mit bloßen Händen auszugraben, sie wurde von Hunden aus der Erde gezogen und dann sofort in Stoff eingeschlagen. Es war damals bekannt, dass die Wurzel einen markerschütternden, mitunter tödlichen Schrei ausstößt, wenn sie vom Tageslicht getroffen wird.

Man schätzte die heilenden und schmerzstillenden Eigenschaften der Alraune und setzte sie z. B. bei Magengeschwüren, Koliken, Asthma und Fieber, vor allem aber als Betäubungsmittel ein, etwa bei Zahnschmerzen oder operativen Eingriffen. Die Alraune sollte ihrem Besitzer Glück und Reichtum bescheren. In Hogwarts wird die Pflege und Wirkung der magischen Pflanze aus Sicherheitsgründen erst ab dem zweiten Schuljahr gelehrt. Hexen und Zauberer können wahrnehmen, was den Muggeln verborgen bleibt: Die Wurzeln der Alraune sehen aus wie sehr hässliche, schmutzige Babys, die ohrenbetäubende Schreie von sich geben, wenn sie aus der Erde gezogen werden. Deshalb ist das Tragen von Ohrenschützern im Umgang mit Alraunen obligatorisch. Dringt der Schrei einer Alraune an das ungeschützte Ohr, kann dies tödlich sein.

Alraunen entfalten ihr Wirkungspotenzial erst, wenn sie ihre Adoleszenz hinter sich haben. Diese Wachstumsphase dauert etwa ein

Jahr. Während dieser Zeit müssen die Pflanzen in Ruhe gelassen werden, damit sie ausschweifende Partys feiern können. Ob ihre Entwicklung abgeschlossen ist, erkennt man am Zustand der Haut: Bei Erreichen der vollen Reife verschwinden die Pickel.

Wurde die Alraune richtig aufgezogen, kann man ihre Wurzel in gehackter Form für die Zubereitung von Verwandlungstränken einsetzen. Mit ihrer Hilfe können z. B. versteinerte Lebewesen wieder ins Leben zurückgeholt werden.

Baldrian

Die bei den Muggeln auch »Hexenkraut« genannte Pflanze findet in beiden Welten Verwendung und erfreut sich seit Jahrhunderten größter Wertschätzung. Besonders wirksam ist die Wurzel des Baldrians, deren Inhaltsstoffe für Entspannung und Beruhigung sorgen. Man kann die Pflanze auch im Ganzen trocknen und aufhängen, die Wurzel verströmt einen angenehmen Duft und gilt als Glücksbringer. In der magischen Welt wird die gehackte Baldrianwurzel als Zutat für die Zubereitung diverser Schlaftränke genutzt, z. B. für den Trank der lebenden Toten.

Belladonna

Die Essenz der Belladonnafrucht ist eine der Grundzutaten vieler Zaubertränke. Sie wird in eigens dafür vorgesehenen Phiolen stets griffbereit aufbewahrt. In der Muggelwelt wird die auch als Schwarze Tollkirsche bekannte Pflanze als Arzneipflanze eingesetzt, die Schmerzen und Krämpfe lindern kann. Sie genießt dennoch einen fragwürdigen Ruf, was daran liegen mag, dass es häufig zu Vergiftungen mit den giftigen Beeren kommt. Werden die Inhaltsstoffe der Pflanze zu hoch dosiert, kann dies sogar zum Tod führen.

Bubotubler

Bubotubler sind wenig ansprechende Pflanzen, die nur in der magischen Welt zu finden sind. Es handelt sich um gurkenartige Gewächse, die aus dem Boden ragen und an schwarze Nacktschnecken erinnern. In den gelben, geschwulstähnlichen Blüten der Bubotubler befindet sich übelriechender Eiter, der, stark verdünnt, ein hervorragendes Mittel gegen Akne ist. Bubotublerblüten dürfen nur mit magischen Schutzhandschuhen – am besten aus Drachenhaut – angefasst und ausgedrückt werden. Berührt die Eiterflüssigkeit die Haut, verursacht sie sofort schwere und schmerzhafte Schwellungen. Der Eiter sondert überdies einen penetranten Gestank ab, der bei Zauberern und Hexen mit empfindlicher Nase Ohnmachtsanfälle auslösen kann.

Dianthuskraut

Wer Dianthuskraut einige Minuten lang kaut, dem beginnen Flossen und Kiemen zu wachsen. Die Wirkung hält etwa eine Stunde an und ermöglicht eine einfache Kiemenatmung unter Wasser. Die Pflanze ist rein magisch und somit in der Welt der Muggel nicht bekannt.

Diptam

Die Essenz des Diptambusches wird in der magischen Welt zur Versorgung von Wunden verwendet. Dazu gehören alle Wunden, die durch Flüche entstanden sind, sowie magische Biss- und Brandwunden. Die Muggel bringen dem Busch mit den sternförmigen Blüten wegen seiner Heilkräfte Wertschätzung entgegen. In früheren Zeiten wurden die Inhaltsstoffe des Diptambusches gegen die Symptome von Epilepsie eingesetzt, sie helfen auch bei Magenbeschwerden und Rheuma. Die Pflanze zählt zu den giftigen Gewächsen, deren Konsum sogar tödlich sein kann.

Eisenhut

Eisenhut wird als Zutat in diversen Zaubertränken verwendet, ist aber hochgiftig und deshalb mit Vorsicht zu genießen. Bereits ein kleiner Fehler in der Dosierung kann fatale Folgen haben. Die Pflanze gedeiht am besten in Höhenlagen und war früher bei den Muggeln als Wolfswurz bekannt. In der Muggelmedizin wird sie heute hauptsächlich als homöopathisches Mittel eingesetzt, z. B. bei Rheuma und Nervenschmerzen.

Fangzähnige Geranie

Die Fangzähnige Geranie gehört zu den besonders hinterhältigen Pflanzenarten der magischen Welt. Während Geranien bei den Muggeln als beliebte Zierpflanzen mit roten, weißen oder rosafarbenen Blüten bekannt sind, die Balkone und Gärten in ganz Europa schmücken, zeigen ihre magischen Verwandten andere Eigenschaften. Fangzähnige Geranien sind alles andere als harmlos, sie nutzen jede Sekunde der Unaufmerksamkeit aus, um ihr Gegenüber mit ihren scharfen Zähnen zu zwicken.

Flitterblume

Diese Pflanzenart, die bei den Muggeln nicht existiert, wird in der magischen Welt oftmals unterschätzt. Die Flitterblume macht einen vollkommen harmlosen Eindruck, doch der Schein trügt: Mit ihren langen, gummiartigen Stängeln kann die kleine Pflanze erstaunlich fest zupacken und ernst zu nehmende Würgemale bei ihrem Opfer erzeugen.

Flussgras

Flussgras ist eine der elementarsten Zutaten für den wichtigen Vielsafttrank. Die Pflanze ist robust, anspruchslos und wächst beinahe überall. Wichtig zu wissen ist, dass sie ihre Wirkung im Vielsafttrank nur dann entfalten kann, wenn sie in einer Vollmondnacht gepflückt wurde. Ansonsten ist ihre Zugabe wirkungslos.

Gänseblümchen

Die kleine weiße Blume mit der gelben Blüte wächst überall in Europa und ist auch in der Muggelwelt weitverbreitet. Muggel verwenden die Blätter und Blüten gegen Hautreizungen aller Art. Ein aus Gänseblümchen zubereiteter Tee soll Nierenleiden und Gichtschmerzen lindern. Auch als essbare Zierpflanze ist das Gänseblümchen sehr beliebt. Die Wurzeln der Gänseblümchen müssen gut zerkleinert dem Schrumpftrank beigemischt werden.

Ingwerwurzel

Sobald die Ingwerwurzel in feine Scheiben geschnitten wurde, kann sie als Zutat für den Gripsschärfungstrank verwendet werden. In der Kräuterkunde wird die anregende Wirkung der Ingwerwurzel hervorgehoben. Muggel verwenden die Ingwerwurzel schon seit Jahrhunderten als Gewürz und Heilmittel. Dabei soll die Wurzel vor allem bei Magenverstimmungen und bei Reisekrankheit Linderung verschaffen. Die Ingwerstaude wächst in den tropischen Zonen Asiens und erfreut sich inzwischen in der gesamten Muggelwelt großer Beliebtheit.

Kartoffelbauchpilze

Kartoffelbauchpilze existieren nur in der magischen Welt. Die Blüten der Pilze bestehen aus dicken, runden und knallroten Schoten, die an prall gefüllte Bäuche erinnern. Sie sind unverzichtbar für manche Zaubertrankmischungen. Sobald die in den Schoten befindlichen Bohnen zutage gefördert wurden, müssen sie mit äußerster Vorsicht gelagert werden, da sie bei jeder noch so kleinen Erschütterung sofort aufplatzen und ihrerseits zu blühen beginnen. Sind sie einmal aufgeblüht, verlieren sie ihre magische Wirkung. Der Umgang mit den Pilzen wird in Hogwarts erst im dritten Schuljahr gelehrt, denn die Ernte der Schoten erfordert Fingerspitzengefühl.

Knöterich

Der Knöterich ist sowohl in der Zauberer- als auch in der Muggelwelt eine weitverbreitete und seit Jahrhunderten beliebte Heilpflanze. Die etwa 50 Zentimeter hohe Pflanze mit den grün-weißen

Blüten ist leicht zu finden, sie wächst bevorzugt an Wegesrändern, auf Wiesen und Äckern. In der magischen Welt dient sie als Zutat für verschiedene Zaubertränke, etwa für den Vielsafttrank.

Die Muggel nutzen die anspruchslose Pflanze besonders bei Problemen im Magen-Darm-Bereich, als abführendes und harntreibendes Mittel, das sogar gegen Wurmbefall helfen soll. Beim Umgang mit Knöterich ist etwas Vorsicht geboten: Im Gegensatz zu seinen heilenden Blättern und Wurzeln sind die Früchte der Pflanze giftig.

Knoblauch

Die weiße Knolle, die zu den Lauchgewächsen zählt, wird als Gewürz und Heilpflanze verwendet. In beiden Welten ist Knoblauch dafür bekannt, dass mit seiner Hilfe Vampire vertrieben werden können. Während die Existenz von Vampiren in der Muggelwelt jedoch als Aberglaube abgetan wird, sind die Wesen in der magischen Welt real. Eine Sage der Muggel erzählt, dass der erste Knoblauch genau dort wuchs, wo der linke Fuß des Teufels den Boden berührte, bevor dieser das Paradies verließ – daher der eindringliche Geruch der Pflanze.

Kreischbeißer

Der Kreischbeißer wird in den Gewächshäusern von Hogwarts angepflanzt. Behandelt man ihn falsch, beginnt er sich zu winden und zu kreischen. Er benötigt Drachenmist als Dünger. Jede noch so geringe Überdosierung quittiert der Kreischbeißer mit ohrenbetäubenden Unmutsbekundungen.

Lenkpflaumen

Dieses überaus seltene magische Gewächs ist z. B. im Garten der Lovegoods zu finden. Xenophilius Lovegood züchtet Lenkpflaumenbüsche der kleinen, roten Früchte wegen: Seine Tochter Luna verwendet diese gerne als Ohrringe. Lenkpflaumen öffnen den Geist und lenken die Aufmerksamkeit auf Dinge, die anderen verborgen bleiben.

Liebstöckel

Liebstöckel ähnelt dem Suppenkraut und gedeiht am besten in gemäßigten Klimazonen. Muggel kennen und schätzen die Pflanze als Gewürzkraut. Außderdem gilt Liebstöckel bereits seit der Antike als Aphrodisiakum. In Hogwarts steht Liebstöckel erst im fünften Schuljahr auf dem Lehrplan der Kräuterkunde, was an der belebenden und berauschenden Wirkung der Pflanze liegen könnte. Zauberer und Hexen machen sich ihre besonderen Eigenschaften bei der Zubereitung Verwirrung stiftender Zaubertränke zunutze.

Löffelkraut

Das Löffelkraut ist in der Muggelwelt seit Jahrhunderten als wichtige Arzneipflanze bekannt. Das unscheinbare Gewächs mit den löffelartigen Blättern und weißen Blüten zeichnet sich durch einen sehr hohen Gehalt an Vitamin C aus. Die Muggel setzten Löffelkraut in früheren Zeiten als Heilmittel gegen den – vor allem unter Seefahrern weitverbreiteten – gefürchteten Skorbut ein, das Kraut durfte auf keinem Schiff fehlen. Außerdem ist die Pflanze bei den Muggeln wegen ihrer anregenden Wirkung beliebt. In der magischen

Welt findet das Löffelkraut Anwendung in verschiedenen Zaubertränken mit verwirrender Wirkung. Die magischen Wirkungsweisen sind mannigfaltig und können in einem alten Zaubertränkebuch in der Bibliothek von Hogwarts eingesehen werden.

Malvenkraut

Die Blätter der Malve werden bei den Muggeln hauptsächlich für die Zubereitung von Tees verwendet. Die wohltuende Wirkung des Malvenkrauts soll bei Husten, Bronchitis oder Halsentzündungen helfen. In früheren Zeiten wurde es von Muggelärzten zur Steigerung der männlichen Potenz eingesetzt. In der magischen Welt wird Malvenkraut unter anderem von Zentauren als Hilfsmittel genutzt, um die Zukunft vorherzusagen. Hiervon berichtet der Zentaur Firenze als Lehrer im Wahrsageunterricht in Harrys fünftem Schuljahr: Malvenblüten werden zusammen mit Salbei verbrannt, in dem dabei entstehenden Rauch kann der kundige Zentaur den zukünftigen Lauf der Dinge lesen.

Mimbulus Mimbeltonia

ist eine rein magische Pflanze und selbst in der Welt der Zauberer und Hexen nur sehr schwer zu bekommen. Einer der Wenigen, die ein Exemplar ihr Eigen nennen können, ist Neville Longbottom, der einen Mimbulus Mimbeltonia als Geschenk zu seinem 15. Geburtstag bekommt. Es handelt sich um eine kakteenartige Pflanze, die anstelle von Stacheln kleine runde Auswüchse aufweist. In diesen Beulen, die sich in ständiger Bewegung befinden, sammelt sich grüner Schleim, den der Mimbulus wie Munition abfeuert, wenn er gereizt wird. Der Schleim ist zwar ungiftig, stinkt aber so penetrant nach Jauche, dass sich das jeweilige Opfer einige Tage von seinen Mitmenschen fernhalten sollte ...

Nessel

Die Nessel ist in der magischen Welt eine wichtige Zutat für den Furunkel-Abschwell-Trank. In Kräuterkunde und Zaubertranklehre wird der Umgang mit der Pflanze als Grundwissen gelehrt, Zauberschüler lernen sie bereits in ihrem ersten Schuljahr kennen. Auch in der Muggelwelt sind die heilenden Kräfte der Nessel bekannt. Meistens werden die Blätter der Nessel für die Zubereitung eines blutreinigenden und harntreibenden Tees benutzt. Mancher gesundheitsbewusste Muggel isst das Kraut auch – entweder roh (als Salat) oder gekocht (als Suppe).

Nieskraut

Nieskraut wird von Zauberern und Hexen als Zutat für berauschende und Verwirrung stiftende Zaubertränke verwendet. In der Muggelheilkunde wurde das sehr giftige Nieskraut in früheren Zeiten als Heilmittel bei Verdauungsproblemen und Herzschwäche verordnet. Außerdem waren die Muggel der Meinung, dass die Pflanze mit den langen, gezackten Blättern und den weißen Blüten böse Geister abhalten könne. Heute ist die Pflanze in der Muggelwelt kaum noch zu finden.

Nieswurz

Die Essenz des Nieswurz ist eine der wichtigsten Zutaten für den Trunk des Friedens. Im fünften Schuljahr lernen Zauberschüler in Hogwarts, dass bereits zwei Tropfen der Flüssigkeit ausreichen, um dem Trunk die gewünschte Wirksamkeit zu geben. Bei den Muggeln ist der Nieswurz unter dem Namen Christrose bekannt. Seit dem Altertum wissen die Muggel um die Giftigkeit der Pflanze. Nieswurz wurde als Heilmittel eingesetzt, jedoch unter größter Vorsicht: Schon geringe Mengen der giftigen Inhaltsstoffe können zum Tod durch Atemstillstand führen.

Peitschende Weide

Es existieren nicht viele Exemplare der Peitschenden Weide in der magischen Welt. Eines wurde von Albus Dumbledore vor den Eingang des unterirdischen Gangs gepflanzt, der von Hogwarts zur Heulenden Hütte führt. Die Peitschende Weide sollte Neugierige davon abhalten, zur Heulenden Hütte zu gelangen und Remus Lupins Geheimnis zu entdecken.

Eine Peitschende Weide wird, wenn sie ausgewachsen ist, zu einem stattlichen Baum, der jeden, der ihm zu nahekommt, auf brutale Weise verjagt. Die Weide schlägt mit ihren langen Ästen treffsicher auf Eindringlinge ein. Harry und Ron machen in ihrem zweiten Schuljahr unliebsame Bekanntschaft mit dem monströsen Baum. Es gibt jedoch eine Möglichkeit, den Abwehrmechanismus für kurze Zeit lahmzulegen, indem eine bestimmte Wurzelknolle gedrückt wird. Wer diesen Trick kennt, kann sich der Peitschenden Weide unbeschadet nähern.

Salbei

Die Muggel schätzen Salbei als Kräuter- und Heilpflanze. Der weitverbreitete Salbei ist ein beliebtes Küchengewürz und findet häufig Anwendung als Arzneitee, z. B. bei Halsentzündungen und Problemen im Magen-Darm-Bereich. Manche Muggel nutzen Salbei als reinigendes Räucherwerk, um mit dem Duft des Salbeis schlechte Energien aus ihren Häusern zu vertreiben. In der magischen Welt sind es vor allem die Zentauren, die sich die magische Wirkung von Salbei zunutze machen. Sie setzen ihn als Hilfsmittel für den Blick in die Zukunft ein.

Stechpalme

Einem alten Brauch folgend, bringen Muggel Zweige der Stechpalme an ihren Haustüren an, um sich vor bösen Geistern oder sonstigen Gefahren zu schützen. Die immergrüne Pflanze ist für Muggel ein Sinnbild der Hoffnung, ihre Zweige sind als Weihnachtsdekoration sehr beliebt. Die glänzenden grünen Blätter sind an den Rändern jedoch stachelig, die leuchtend roten Beeren hochgiftig. Der starken Schutzwirkung der Stechpalme ist es geschuldet, dass der Kern von Harry Potters Zauberstab aus dem Holz der Stechpalme besteht.

Schlafbohnen

Der korrekte Umgang mit den schrumpelig aussehenden Schlafbohnen wird in Hogwarts ab dem sechsten Schuljahr gelehrt. Der Saft der Schlafbohne ist eine wichtige Zutat für starke Schlaftränke wie den Trank der lebenden Toten. Bei falscher Dosierung kann die Schlafbohne eine tödliche Wirkung entfalten und auch bei der Ernte und Verarbeitung ist größte Vorsicht geboten: Allein der einschläfernde Geruch kann einen Zauberer in Tiefschlaf versetzen.

Teufelsschlinge

Die Teufelsschlinge ist eine aggressive magische Pflanze, die alle Lebewesen angreift, die ihr zu nahekommen. Mit ihren Tentakeln, die monströse Ausmaße erreichen können, umschlingt sie ihre Opfer, um diese zu erdrosseln. Je mehr sich das Opfer wehrt, desto schneller erhöht sich der Druck ihrer tödlichen Umarmung. Das mörderische Gewächs gedeiht am besten an dunklen und feuchten Orten und verträgt weder Hitze noch Trockenheit. Durch einen gut gelungenen Brandzauber kann die Teufelsschlinge für ein paar Sekunden außer Gefecht gesetzt werden, damit sich das Opfer befreien kann. Hermine Grangers beherztes Eingreifen in »Der Stein der Weisen« rettet Harry und Ron auf diese Weise das Leben. Wahrhaft teuflisch ist das unscheinbare Aussehen der Würgepflanze. Mit etwas Geschick kann eine Teufelsschlinge sogar als gewöhnliche Flitterblume getarnt werden ...

Venemosa Tentakula

Die Venemosa Tentakula wächst nur an magischen Orten. Das rote, angriffslustige Gewächs gehört zu den fleischfressenden Pflanzen und versäumt keine Gelegenheit, seine Tentakel nach Lebewesen aus Fleisch und Blut auszustrecken. Um einen Angriff der Venemosa Tentakula abzuwehren, genügt jedoch ein leichter Klaps, dann zieht sich die Pflanze beleidigt zurück. Gefährlich sind allerdings die Samen der Pflanze. Sie sind sehr giftig und dürfen nur unter strengen Auflagen erworben werden. Ihre Verwendung als Zutat für Zaubertränke ist verboten, sie werden für todbringende Tränke benötigt.

Wermut

Die Muggel wenden die bitter schmeckende Pflanze hauptsächlich als Heilmittel bei Erkrankungen des Magen-Darm-Bereichs an. Aus dem Saft der Pflanze brauen sie außerdem einen nicht ungefährlichen Trank: den Absinth. Dieses alkoholische Getränk ist mit Vorsicht zu genießen und sollte nur in geringen Mengen getrunken werden. Absinth kann süchtig machen, bei zu häufigem Konsum verursacht er Nervenschäden und zuweilen sogar epileptische Anfälle. In der magischen Welt ist Wermut als Zutat für den Trank der lebenden Toten unverzichtbar. Aus der Wermutwurzel wird eine Essenz extrahiert – ein sensibler Prozess, der die strenge Einhaltung der Arbeitsanweisungen im Rezept verlangt. Wird sie zu hoch dosiert, kann die Wermutessenz zu schweren, irreparablen Schäden führen.

Wolfswurz

In der Muggelwelt ist der meist blau blühende Wolfswurz heutzutage als Eisenhut und vielseitige Heilpflanze bekannt. Er gilt als das giftigste Gewächs Europas und wurde in der Vergangenheit zuweilen als Mordinstrument missbraucht. Sowohl Blütenblätter als auch Wurzeln sind für Muggel bereits in geringen Mengen tödlich, das Gift wird sogar über die unverletzte Haut aufgenommen. In der magischen Welt, in der die Pflanze ihre eigentliche Wirkungsweise entfalten kann, ist der Wolfswurz eine althergebrachte Zutat für verschiedene Zaubertränke, seine Einsatzmöglichkeiten gehören zu den Grundkenntnissen der magischen Kräuterkunde.

Kapitel 7

DIE 20 UNVERGESS-LICHSTEN MOMENTE

Im Grunde genommen könnte man hier wahrscheinlich eine beinahe unendlich lange Aufzählung unvergesslicher Momente aufführen. Denn dass die Harry-Potter-Saga überaus ereignisreich ist, ist unbestritten. Aus diesem Grund sollen hier die zwanzig absolut unvergesslichsten Momente festgehalten werden, die sich hauptsächlich auf Filmszenen beziehen, da sie sich durch ihre einzigartige Darstellung so tief ins Gedächtnis eingeprägt haben. Dazu zählen aber auch Szenen, die sich nicht unbedingt durch actionreiche Kampfszenen oder Ähnliches auszeichnen, sondern eher leise, aber sehr eindrücklich sind. Momente, die sich erst viel später, manchmal sogar erst rückblickend als zentral und verheißungsvoll herausstellen.

Verteilung der Schüler auf die vier Hogwarts-Häuser

Der Moment, in dem einem neuen Hogwarts-Schüler der Sprechende Hut aufgesetzt wird, ist nicht nur für den Betreffenden eine aufregende Sache. In diesem Augenblick entscheidet sich, welchen Weg der Neuankömmling in Zukunft beschreiten wird. So auch bei Harry Potter – und aus diesem Grund ist die Auswahlzeremonie eine unvergessliche Szene. Denn schon zu dieser Zeit spürt Harry, dass irgendetwas in ihm nicht wirklich zu ihm gehört. Sein größter Wunsch ist es, nach Gryffindor geschickt zu werden. Nicht nur weil all seine neuen Freunde dort untergebracht sind, sondern weil auch seine Eltern diesem Haus angehörten. Harrys Unsicherheit findet ihren Höhepunkt, als der Sprechende Hut unschlüssig scheint. Er ist sich nicht sicher, ob Harry vielleicht doch eher nach Slytherin gehört. Dieser Moment ist für jeden eingefleischten Harry-Potter-Fan wichtig, weil es der erste Schritt von Harry im Kampf gegen das Böse sein soll – und das auch noch völlig unbewusst. Er beschwört den Sprechenden Hut, ihn bloß nicht nach Slytherin, sondern nach Gryffindor zu schicken. Das heißt, er entscheidet sich in diesem Moment für den echten und guten Teil in sich selbst.

Vor dem Hintergrund, dass der Sprechende Hut den wahren Charakter jedes Schülers erkennen kann, ist es erschreckend zu sehen, dass er in diesem Moment offenbar sowohl den Anteil von

Harrys Eltern als auch den von Voldemort unfreiwillig übertragenen Teil spüren kann.

Flug im verhexten Ford

In *Harry Potter und die Kammer des Schreckens* bekommen Harry und Ron einen kleinen Vorgeschmack darauf, was Magie mit Muggelartefakten anstellt. Nachdem die beiden den Hogwarts-Express verpassen, entschließen sie sich, den von Arthur Weasley verhexten alten Ford Anglia als Transportmittel zu nutzen, um noch rechtzeitig in der Schule anzukommen. Eine folgenschwere Entscheidung, denn was darauf folgt, steht einer Verfolgungsjagd in einem Actionthriller in nichts nach. Das Fahrzeug hat aufgrund der zahlreichen Verhexungen einige Tücken, wie etwa einen versagenden Unsichtbarkeitszauber, der zusätzlich dazu führt, dass das Auto mitten in der Luft stehen bleibt. Anschließend beginnt für die beiden ein rasanter und völlig unkontrollierter Flug, den Harry bei einem Beinahe-Zusammenstoß mit dem Hogwarts-Express fast mit dem Leben bezahlt. Aber es sind nicht nur die »technischen« Probleme, die eine Reise mit dem Gefährt so gefährlich machen: Zusätzlich besitzt der Ford nämlich ein Eigenleben, das dazu führt, dass er seine beiden Fahrgäste nach der schmerzhaften Ankunft in der peitschenden Weide unsanft nach draußen befördert und anschließend beleidigt in den Verbotenen Wald fährt. In dem Moment für die beiden unerfreulich, doch später sind Ron und Harry heilfroh, als der alte Ford den beiden Freunden in letzter Sekunde zur Hilfe eilt, gerade noch rechtzeitig, bevor sie von Aragogs Nachkommen verspeist werden.

18

Harry Potter vs. Ungarischer Hornschwanz

Obwohl sich Harry in dieser Szene in *Harry Potter und der Feuerkelch* »nur« mit einem Drachen herumschlagen muss, der im Vergleich zu einem aufgestachelten Basilisken relativ harmlos wirkt, steht dieser Kampf den anderen in puncto Spannung in nichts nach.

Denn ein Ungarisches Hornschwanzweibchen, das um sein Gelege fürchtet, gehört mit Sicherheit zu den Kreaturen, denen niemand gerne begegnen möchte.

Anfangs ist Harry auch genau aus diesem Grund erst einmal auf der Flucht vor dem zornigen Monster, bis es ihm schließlich gelingt, seinen Besen herbeizuzaubern. Ab diesem Moment ist er zwar wendiger und sicherlich auch eher in seinem Element – Fliegen kann er schließlich besonders gut. Doch das Drachenweibchen zeigt sich nicht im Mindesten beeindruckt und der Kampf wird in der Luft fortgesetzt. Dabei hat es mehr als einmal den Anschein, als würde Harry dieses Mal wirklich untergehen, denn die halsbrecherischen Aktionen und Flugmanöver wirken manchmal doch eher unkontrolliert.

Letzten Endes geht Harry jedoch wider Erwarten als Sieger hervor und darf weiterhin am Trimagischen Turnier teilnehmen. Vor allem steht dieses Duell für Harrys unerschütterlichen Kampfgeist und seinen Mut, sich ausweglosen Situationen zu stellen.

Harry fängt den goldenen Schnatz

Abgesehen davon, dass Harry bereits in seinem ersten Schuljahr zum jüngsten Sucher ernannt wird, der je in einer Quidditch-Mannschaft in Hogwarts mitgespielt hat, ist diese Szene eine Mischung aus allem, was sie dafür prädestiniert, hier aufgeführt zu werden.

In *Harry Potter und der Stein der Weisen* jagt Harry zum ersten Mal als Sucher dem Schnatz hinterher, da wird sein Besen schon von Professor Quirrell mit einem Bann belegt. Trotzdem hält sich der unerfahrene Flieger Harry tapfer auf seinem Besen und stellt damit sein Talent unter Beweis. Die halsbrecherischen Manöver gipfeln in einer Verfolgungsjagd um den Schnatz. Unvergessen ist dabei der Moment, als Harry senkrecht zu Boden schießt, um als Erster in die Nähe des kleinen goldenen Balls zu kommen. Dann sein Bremsmanöver, eine Sekunde bevor er auf dem Boden zerschellt – gefolgt von dem Kunststück, freihändig und im Stehen dem Schnatz immer näher zu kommen, bis er ihn schließlich im Fallen mit dem Mund auffängt. Doch es sind nicht nur diese aufregenden Minuten, während man um Harry bangt und sich gleichzeitig fragt, ob er es noch schaffen kann, den Schnatz zu erreichen.

Auch dieser unvergessliche Moment birgt einen weiteren immens wichtigen Effekt, der erst viel später zum Tragen kommt. Denn Albus Dumbledore macht sich die magische Beschaffenheit des Schnatzes in *Harry Potter und die Heiligtümer des Todes* zunutze: Ein Schnatz öffnet sich nur dann, wenn ihn die Haut desjenigen berührt, der ihn als Erstes gefangen hat. In diesem Fall ist es Harrys Mund. Dumbledore versteckt daher den Stein der Auferstehung in jenem Schnatz, den Harry in seinem ersten Quidditch-Turnier gefangen hat. Zwar braucht Harry eine ganze Zeit, um zu erkennen, dass sich etwas sehr Wertvolles in dem Schnatz befindet, aber da er nun einmal der Einzige ist, der ihn mit seinem Mund öffnen kann, ist es ein extrem sicheres Versteck!

Dobbys Befreiung

Der kleine Hauself, der wohl jedem ans Herz gewachsen ist, spielt – zumindest in den Büchern – immer wieder eine wichtige Rolle. Ausschlaggebend für seine späteren Auftritte, die überwiegend aufgrund von Rettungsaktionen für Harry mal mit mehr, meist aber mit weniger Erfolg stattfinden, ist es dieser eine Moment, der den Elfen zu einem freien Wesen macht. Harry bringt Lucius Malfoy, der zu diesem Zeitpunkt noch Dobbys Gebieter ist, in *Harry Potter und die Kammer des Schreckens* durch einen Trick dazu, seinen Hauselfen freizulassen. Dieser Moment ist nicht nur deshalb so anrührend, weil man großes Mitleid für den wehrlosen kleinen Elfen empfindet, der sein Leben lang von den Malfoys misshandelt wurde. Es ist Dobbys Gesichtsausdruck, in dem sich seine Fassungslosigkeit über dieses Geschenk so perfekt widerspiegelt, in Kombination damit, dass durch diese Aktion der erste Elf seit Generationen des Sklavendaseins die Freiheit erhält. Ein denkwürdiger und großer Tag für alle in Gefangenschaft lebenden Elfen.

Dobby ist aber nicht nur der süße und treu ergebene Freund von Harry Potter – er steht auch für den Mut eines Einzelnen, eine in der Zaubererwelt bis dato undenkbare Revolution einzuleiten. Der kleine tapfere Kerl steht für alle, die im Laufe der Geschichte unterdrückt wurden, und für den Mut, die Hoffnung nie aufzugeben.

Der kleine Elf ist mutig genug, mit allem, was ihm zur Verfügung steht, für diese Freiheit und für denjenigen, der sie ihm geschenkt hat, einzutreten. Und genau das ist ein weiterer Grund dafür, warum es die Szene seiner Freilassung in die Top Zwanzig geschafft hat: Denn als Lucius Malfoy seinen Fehler bemerkt und daraufhin auf Harry losgehen will, ist es Dobby, der seinen ehemaligen Herren zuerst warnt, um ihn dann mit einem Fingerschnippen durch den Raum zu katapultieren. In diesem Moment wird vor allem die unfassbare Friedfertigkeit der Elfen deutlich. Denn eigentlich wäre es für jeden von ihnen ein Leichtes, sich eigenhändig aus der Sklaverei zu befreien.

15

Tod von Cedric Diggory

Obwohl Harrys Mitschüler Cedric Diggory keine Hauptrolle spielt, hat es vor allem die Darstellung im Film geschafft, seinen Tod als einen der eindrucksvollsten Momente im Gedächtnis der Fans zu verankern.

Nachdem man Cedric nur kurz in Harrys drittem Schuljahr als Kapitän der Quidditch-Mannschaft von Hufflepuff kennenlernt, taucht er in *Harry Potter und der Feuerkelch* auf, als er für Hogwarts in das Trimagische Turnier zieht. Bestimmt hat Cedrics freundliche und angenehme Art damit zu tun, dass er schnell zu einem beliebten Charakter wird. Im Grunde ist Harry, der ja auf unfreiwillige Art als zweiter Hogwarts-Champion bei dem magischen Turnier antritt, wie alle anderen Teilnehmer ebenfalls Cedrics Konkurrent. Doch entgegen der Erwartung vieler schlägt Cedric einen anderen Weg ein als gedacht. Mit der Zeit betrachtet er Harry vielmehr als Partner. Die beiden helfen sich immer wieder gegenseitig bei den schwierigen Aufgaben des Turniers.

Es ist also zum einen Cedrics gewinnende Art, zum anderen die Darstellung im Film, die sein Dahinscheiden so dramatisch machen. Zweifellos ist dieser Moment im Buch nicht weniger eindrucksvoll – trotzdem vermitteln die bewegten Bilder ein unfassbares Gefühl der Traurigkeit. Da ist zuerst der Moment des Schocks, als die ersten Zuschauer des Turniers beim Auftauchen von Harry und Cedric realisieren, dass da etwas nicht stimmt. Eine teilweise noch jubelnde Menge, der ein vollkommen aufgelöster und in Schuldgefühlen versunkener Harry gegenübersteht. Er beugt sich über Cedrics Leiche und seine unerträglichen Gefühle scheinen beinahe greifbar. Die Kamera zeigt, wie langsam immer mehr Anwesende verstehen, welches Drama sich gerade in ihrer Mitte abspielt. Während die einen noch stürmisch applaudieren, kommen die Ersten, darunter Albus Dumbledore, Harry zu Hilfe. Seinen Höhepunkt erreicht die Szene in dem Moment, als Cedrics Vater, Amos Diggory, begreift, was passiert ist. Der freundliche Witwer, dem zuerst seine Frau und jetzt auch noch sein einziger Sohn, sein ganzer Stolz, genommen wurden, bricht zusammen. Fassungslos schreit er immer wieder: »Das ist mein Sohn! – Das ist mein Junge!« Ein Moment, der mit Sicherheit an niemandem spurlos vorübergegangen ist.

Neville Longbottom stellt sich Voldemort

Vor dem Hintergrund, dass Nevilles Eltern zu den Opfern der ersten Schreckensherrschaft des Dunklen Lords zählen, und angesichts seines anfangs geringen Selbstbewusstseins ist dieser Moment einer der unvergesslichsten in der gesamten Geschichte. In diesem Fall geht es um eine ebenso unglaubliche wie unauffällig verlaufende Verwandlung, die sich durch sämtliche Teile der Saga zieht, bis sie schließlich in diesem Moment in *Harry Potter und die Heiligtümer des Todes* ihren Höhepunkt findet. Gemeint ist Neville Longbottom, der sich bei der Schlacht von Hogwarts dem Dunklen Lord persönlich gegenüberstellt. Ausgerechnet Neville, der anfangs so schüchterne und schusselige Schüler!

In dieser Szene ist er derjenige, der Lord Voldemort all das entgegenschleudert, was alle denken. Er beschwört vor der versammelten Schülerschaft den Geist Hogwarts und den Sinn der Gründung des Phönixordens noch einmal herauf. Seine Worte erinnern alle daran, dass der Kampf gegen Voldemort und die vielen Opfer, die er fordert, nicht umsonst sind. Und dass der Kampf erst verloren ist, wenn es niemanden mehr unter den Lebenden gibt, der für das Gute eintreten möchte. Letztlich macht er mit seiner Ansprache all jenen Mut, die immer an sich zweifeln, indem er ihnen zeigt, dass jeder etwas finden kann, wofür es sich zu kämpfen lohnt.

Harrys Patronus

In *Harry Potter und der Gefangene von Askaban* bringt Harry das erste Mal seinen Patronus hervor. Der Moment ist nicht nur deshalb so unvergesslich, weil Harry – bevor es ihm endlich gelingt – schon mehrfach mit den Dementoren und ihren verheerenden Auswirkungen zu kämpfen hatte. Unvergesslich ist er auch, weil er es schafft, um seinen Patenonkel Sirius vor dem Kuss der Dementoren zu retten. Harry gelingt etwas zum Wohle eines anderen, was ihm für sich selbst bislang noch nicht gelungen ist. Das zeigt auf beeindruckende Weise, dass Harry wirklich von reiner Liebe geleitet ist. Dass diese Kraft stärker als sein Überlebenswille ist, soll auch später immer wieder deutlich werden.

Als Harry an dem kleinen See im Verbotenen Wald steht, hofft er anfangs noch darauf, dass ihm sein Vater in Form des Patronus zu Hilfe eilt – aber nichts geschieht. Dann realisiert er, dass er der Einzige ist, der in dieser Sekunde helfen kann. Das Zögern, die Unsicherheit, all das wird in dem Moment, als er das erste Mal in seinem Leben einen Patronus hervorbringt, unwichtig. Denn es ist nicht nur die Freude darüber, dass es nun endlich geklappt hat, und die damit verbundene Erleichterung, dass sie alle gerettet sind. Das Erstaunliche ist die Gestalt des Patronus, denn der Hirsch, der sich aus Harrys Zauberstab aufbaut und mit unglaublicher Kraft mehr als ein Dutzend Dementoren in die Flucht schlägt, ist der gleiche wie der von seinem Vater James Potter.

Tod von Fred Weasley

Die Zwillinge Fred und George Weasley sind von Anfang die Revoluzzer, die mit ihren Streichen und Späßen einiges an lustigem Stoff liefern und es oft schaffen, die teilweise sehr düstere Stimmung aufzulockern. Als Teil der Weasley-Familie und engste Freunde von Harry wachsen einem die beiden schnell ans Herz. Denn neben all dem Schabernack, den sie treiben, stehen sie für treue Freundschaft und riskieren dafür auch ihr Leben, wenn es darauf ankommt. Fred und George gehen mit Harry durch dick und dünn und zeigen sich bei der Schlacht von Hogwarts in *Harry Potter und die Heiligtümer des Todes* als wahre Kämpfernaturen.

Fred stirbt durch eine Explosion, die von einem Todesser ausgelöst wird. Und obwohl diese Todesszene sicher nicht die dramatischste ist, macht sie doch unglaublich betroffen und traurig. Denn Fred steht mit seinem Freigeist und seiner Treue gegenüber Familie und Freunden für all jene, die sich nicht unterkriegen lassen. Er ist eine Art Symbol für alle Kriegshelden – sowohl in den Harry-Potter-Geschichten als auch im echten Leben.

Fred Weasley wird in Hogwarts begraben, Seite an Seite mit den anderen Gefallenen der Schlacht von Hogwarts.

Harry und Dumbledore in der Höhle

Harry und Dumbledore werden in *Harry Potter und der Halbblut-prinz* auf eine harte Probe gestellt. Sie machen sich auf die Suche nach einem von Voldemorts Horkruxen, der in einer Höhle versteckt liegt. Allein der Zugang zu dem Horkrux ist mit derart schwierigen Zaubern so beschwerlich, dass dem Schulleiter von Anfang an klar ist, dass er ihn nur mithilfe eines treuen Freundes an sich bringen kann. Um an den Horkrux heranzukommen, müssen sich beide bedingungslos vertrauen. Schon der Eingang zur Höhle ist mit einem Fluch versehen, den man nur durch eine Gabe des eigenen Blutes öffnen kann. In der Höhle ist es Dumbledores feinem Gespür für Magie zu verdanken, dass die beiden ein in einem See verstecktes Boot entdecken, mit dem sie das schwarze Gewässer überqueren können. Im See lauert eine todbringende Gefahr: unzählige Inferi (Inferius: eine Art lebender Toter, der nur dem Willen desjenigen gehorcht, der ihn zu dem gemacht hat, was er ist)!

Auf diese Weise meistern sie die erste Hürde und gelangen unbeschadet auf eine kleine Insel mitten im See, wo sich in einer mit Flüssigkeit gefüllten Schale der gesuchte Horkrux befindet. Dumbledore ist klar, dass diese Flüssigkeit nicht weggeschüttet werden kann, sondern getrunken werden muss – und auch, dass sie wahrscheinlich tödlich ist. Bevor Dumbledore den verzauberten Trank trinkt, muss Harry ihm versprechen, ihn bis zum Schluss dazu zu zwingen, bis der letzte Tropfen getrunken ist. Das Leiden, dem Dumbledore durch den Trank ausgesetzt ist, bringt beide an den Rand ihrer Willenskraft.

Doch letzten Endes schafft Dumbledore es, so lange weiterzutrinken, bis er den Horkrux aus der Schale nehmen kann. Für Harry ist die Belastung, seinem väterlichen Freund bei seinen Todesqualen zusehen zu müssen, beinahe unerträglich. Sie kämpfen Seite an Seite – nicht nur gegen die Inferi (gegen die Harry größte Probleme hat zu bestehen) und die Wirkung des tödlichen Tranks – sondern auch gegen ihren Widerwillen, den anderen leiden zu sehen. Dieser Moment ist eine wahre Zerreißprobe für beide. Dennoch gelingt es ihnen, sich gemeinsam der Gefahr zu stellen und sie zu bewältigen. Die Szene in der Höhle ist wieder einmal eine mehr als anschauliche Demonstration von Dumbledores Macht und Können, die man so schnell nicht vergessen wird. Zum Schluss bringt Dumbledore mit letzter Kraft sogar in seinem geschwächten Zustand noch ein Dämonsfeuer hervor, das ihnen die Flucht ermöglicht. In diesem Teil der Harry-Potter-Saga wird klar, dass der Kampf gegen Voldemort und seine Anhänger nur gewonnen werden kann, wenn der Zusammenhalt bedingungslos ist. Der Moment in der Höhle ist wie eine Art Prüfung, bei der sich sowohl Harry als auch Dumbledore den gegenseitigen Halt bestätigen, der später notwendig sein wird, um allen bevorstehenden Herausforderungen zu trotzen. In diesem Moment beginnt ein neues Zeitalter der direkten Konfrontation mit dem Bösen und es wird immer deutlicher, dass die Zukunft noch einige schwere Entscheidungen mit sich bringen wird.

Harry benutzt den Stein der Auferstehung

Als Harry den Stein der Auferstehung im zweiten Teil des Filmes von *Harry Potter und die Heiligtümer des Todes* benutzt, ist er mental am Ende seiner Reise angekommen. Er weiß nun etwas, das bis auf Albus Dumbledore bis zum Schluss fast niemandem bewusst war: Er kann den Dunklen Lord nur besiegen, wenn er sein eigenes Leben dafür gibt. Da Harry selbst der letzte von Voldemorts Horkruxen ist, kann der Dunkle Lord nur endgültig getötet werden, wenn auch der letzte seiner Horkurxe zerstört ist. Harry nimmt also in jungen Jahren seinen eigenen Tod in Kauf, um alle anderen zu retten. Dass diese bedingungslose Opferbereitschaft am Ende dazu führen wird, dass bei Harrys »Tod« doch nur der letzte Teil von Voldemorts Seele stirbt, ahnt in diesem Augenblick noch niemand. Im Gegenteil – Harrys Entschluss, sich selbst zu opfern, wirkt wie ein Vakuum. Die Zeit scheint stillzustehen, als er alleine in den Verbotenen Wald geht, um sich dem Ende seines Lebens zu stellen. Spätestens in diesen Sekunden wird aus dem Teenager ein Erwachsener. Im Wald angekommen, nutzt Harry den Stein der Auferstehung, um ein letztes Mal Kontakt zu all jenen aufzunehmen, von denen er hofft, ihnen im Jenseits zu begegnen.

Bei dieser Rückblende wird dem Zuschauer gleichzeitig bewusst, wie viel in den letzten Jahren in Harrys Leben passiert ist und wen er alles verloren hat. Es ist eine Reise in die Vergangenheit, durch die alle Entbehrungen offenbart werden, die Harry im Laufe seines Lebens ertragen musste. Seine beinahe naiven Fragen an seine bereits verstorbenen Liebsten, ob sie im Moment seines Todes bei ihm sein werden oder ob der Tod schmerzhaft sein wird, rühren zu Tränen. In dieser Szene wird noch einmal der ganze Zauber um Harry deutlich. Es ist der Zusammenhalt durch die pure Liebe, die ihn mit den wichtigsten Menschen in seinem Leben verbindet. Und diese Verbindung besteht über den Tod hinaus.

Schlacht in der Mysteriumsabteilung

Was in diesem Moment in der Mysteriumsabteilung passiert, gehört zu einem der Höhepunkte der gesamten Harry-Potter-Saga. Den meisten reicht wahrscheinlich der Mord an Sirius, um diese Szene als unvergesslich einzustufen. Doch der Kampf zwischen dem wahrscheinlich mächtigsten Zauberer Albus Dumbledore und Lord Voldemort, dem personifizierten Bösen, setzt dem Ganzen noch die Krone auf. In diesem Showdown wird auf die eindrucksvollste Weise demonstriert, was passiert, wenn sich die beiden derzeit mächtigsten Zauberer der Welt im Kampf gegenübertreten. Die Filmeffekte sind atemberaubend!

Die Schlacht in der Mysteriumsabteilung ist zudem ein wichtiger Wendepunkt. Was zuvor ein spannendes Kinderbuch war, ist von diesem Zeitpunkt an ein offenes und zum Teil niederschmetterndes Drama, das selbst für die erwachsenen Fans starker Tobak ist. Sie ist sozusagen der Startschuss, und nach einer Zeit des Kennenlernens und Eintauchen in die Welt der Hexen und Zauberer wird niemand mehr verschont. Auch nicht der Leser beziehungsweise Zuschauer.

Albus Dumbledore vs. Lord Voldemort

Das Duell dieser beiden magischen Giganten findet im Zusammen-hang mit der Schlacht in der Mysteriumsabteilung in *Harry Potter und der Orden des Phönix* statt. Dieses Ereignis ist einer der unver-gesslichsten Momente in der gesamten Harry-Potter-Saga. Denn ab-gesehen von der Symbolhaftigkeit, dass sich in diesem Moment Gut und Böse Auge in Auge gegenüberstehen, ist es vor allem die spek-takuläre Art und Weise, wie sich die beiden Duellanten bekriegen, die dem Leser beziehungsweise Zuschauer den Atem raubt. Der Be-obachter wird dabei Zeuge eines nie dagewesenen Kampfes, bei dem die zwei mächtigsten Zauberer der Gegenwart aufeinandertreffen: Dumbledore kommt Harry zu Hilfe, als er von Lord Voldemort in der Mysteriumsabteilung angegriffen wird. Der Schulleiter baut sich als menschliches Schutzschild zwischen den beiden Kontrahenten auf und wehrt zuerst eine riesige Feuerschlange ab, die der Dunkle Lord mithilfe eines Zaubers entfesselt. Kurz darauf lässt Dumbledore einen Schauer aus tödlichen Splittern unter seinem mächtigen Gegenfluch zu Staub zerfallen. Im Laufe des Duells merkt auch Voldemort, dass jede seiner Aktionen, die wahrscheinlich kein anderer Zauberer der Welt überlebt hätte, von Dumbledore abgeblockt wird. Bevor er flieht, kann man etwas noch nie Dagewesenes in seinen Augen sehen: Resignation.

Voldemort wird offenbar in diesem Moment klar: Er wird dem mächtigsten Zauberer aller Zeiten im direkten Duell niemals gewachsen sein. Die Hierarchie, die es von Anfang an gab – der Lehrmeister beziehungsweise Schulleiter erteilt seinem Schüler eine Lektion –, wird immer bestehen bleiben, ganz egal, welcher Tricks sich der Dunkle Lord bedient. Voldemort gibt also für den Moment wutentbrannt auf und zieht sich zurück. Doch Dumbledore ist nicht der stolze oder gar freudige Sieger – in seinen Augen spiegelt sich etwas ganz anderes, nachdem der Kampf beendet ist: Enttäuschung und Traurigkeit darüber, dass einer seiner eigenen Schüler, einer seiner Schützlinge, unwiderruflich zur dunklen Seite gewechselt ist. Es ist eben dieser Schmerz, den man während des gesamten Kampfes bei ihm beobachten kann. Kein Hass, kein Zorn – nur Enttäuschung.

Molly Weasley vs. Bellatrix Lestrange

Hätte man zu Beginn der Harry-Potter-Saga Wetten abgeschlossen, wer dieses Duell gewinnen würde, wäre die Quote wahrscheinlich 0:100 ausgefallen. Denn bis zu diesem denkwürdigen Moment während der Schlacht von Hogwarts wäre wahrscheinlich niemand auf die Idee gekommen, dass sich Molly Weasley überhaupt auf einen Kampf mit der übermächtigen und völlig verrückten Bellatrix Lestrange einlassen würde. Doch mit einer Löwenmutter wie ihr ist nicht zu spaßen, vor allem wenn eines ihrer Kinder in Gefahr ist. Molly Weasley konfrontiert die boshafte Todesserin mit etwas, was sie selbst nie gekannt hat: Mutterliebe.

Molly treibt die Hexe überraschenderweise mit Leichtigkeit in die Enge, um sie dann mit einem letzten vernichtenden Fluch in tausend Teile zerspringen zu lassen. Selbst in den verrückten Zügen von Bellatrix spiegelt sich in ihren letzten Sekunden ungläubiges Staunen darüber, dass es wirklich Molly Weasley ist, die ihr irdisches Dasein beendet. Ein denkwürdiger Kampf mit einem überraschenden Ende, der an Symbolhaftigkeit kaum zu übertreffen ist.

Neville Longbottom vs. die Greifer

Greifer sind vom Zaubereiministerium angeheuerte Kopfgeldjäger, die in *Harry Potter und die Heiligtümer des Todes* ihr Geld damit verdienen, dem rassistischen Regime muggelstämmige Hexen und Zauberer auszuliefern. Sie sind dabei nicht gerade zimperlich und befördern jeden nach Askaban, der in dieses Schema passt. Deshalb sind die sogenannten Greifer-Trupps, die sich zusammengetan haben, um auf Menschenjagd zu gehen, bei allen sehr gefürchtet.

Umso erstaunlicher und deshalb erwähnenswert ist der Kampf, auf den sich Neville Longbottom mit diesen eiskalten Jägern einlässt. Er steht in der Schlacht von Hogwarts Hunderten von ihnen gegenüber, als sie gerade versuchen, über die lange Holzbrücke, die zum Schloss führt, einzudringen. Neville nimmt es allein mit einer ganzen Armee auf und schafft es, die Brücke zum Einsturz zu bringen, sodass sämtliche Greifer mit ihr in den Tod gerissen werden. Sicherlich hat Neville während dieser Schlacht noch einiges mehr geleistet – man könnte sogar sagen, dass er den Kampf immer wieder dominiert hat. Trotzdem ist dieser Moment einer der symbolhaftesten, der vor allem im Film drastisch dargestellt wird: Der einst scheue und verträumte Neville der ersten Bände wirft sich hier ohne zu zögern in eine Schlacht gegen Hunderte Angreifer – ein auf den ersten Blick aussichtsloses Unterfangen. Dieser Kampf ist sozusagen die bildhafte Darstellung der unglaublichen Entwicklung, die Neville im Laufe der Jahre durchgemacht hat. Diese Auseinandersetzung steht für einen ganz besonderen Wert: den Glauben an sich selbst. Obwohl Neville von Anfang an von allen anderen als Loser gesehen wird, gibt er niemals auf. Er kämpft jahrelang einen der schwersten Kämpfe – nämlich den gegen sich selbst. Er ist das leuchtende Beispiel dafür, was man im Leben alles erreichen kann, solange man sich von nichts und niemandem unterkriegen lässt.

Harry Potter vs. Basilisk

Kämpfe von Hexen und Zauberern mit magischen Kreaturen gehören stets zu den spannendsten Ereignissen. Das Duell Mensch gegen Monster ist eines der klassischsten Motive überhaupt: die Faszination, sich einer übermächtigen Kraft zu stellen, mit wenig Hoffnung auf einen Sieg, denn solche Duelle enden meist tödlich für den Menschen.

Magische Tierwesen verfügen schließlich nicht nur über verschiedenste Zauberkräfte, sondern sind in der Regel schon allein aufgrund ihrer Statur so beeindruckend, dass sich sicherlich niemand freiwillig auf eine Auseinandersetzung mit ihnen einlässt. So ist es auch bei Harry, der in *Harry Potter und die Kammer des Schreckens* in ein Duell auf Leben und Tod mit dem Basilisken verwickelt wird, nachdem das Geschöpf in diesem Schuljahr ganz Hogwarts terrorisiert hat. Dahinter steckt natürlich niemand anderer als Voldemort –

in diesem Fall als sein jüngeres Ich Tom Riddle. Aufgehetzt durch den Dunklen Lord, attackiert die monströse Schlange Harry, der in seinem zweiten Schuljahr eigentlich noch weit davon entfernt ist, sich mithilfe seiner Zauberkünste erfolgreich zu verteidigen. Deshalb stehen auch dieses Mal seine Chancen schlecht, dass er es schafft, unversehrt aus dieser lebensbedrohlichen Situation zu entkommen.

Doch selbst in der ausweglosesten Situation zeigt der junge Zauberschüler Kampfgeist, sogar als er diesem fünfzehn Meter langen, mit tödlicher Magie ausgestatteten Gegner gegenübersteht. Harry schlägt sich erst einmal recht wacker und bleibt vorerst am Leben. Dass er völlig unerwartete Hilfe bekommen wird – von Fawkes, Dumbledores Phönix –, kann er in diesem Moment nicht wissen. Aufgrund dieser Unterstützung hat Harry eine echte Chance auf einen Sieg, die er auch sofort nutzt. Er schafft es tatsächlich, den Basilisken zu töten und damit auch Lord Voldemort aufs Neue zu besiegen. Ein unfassbar spannender Kampf um Leben und Tod!

Harry Potter vs. Lord Voldemort –
Duell auf dem Friedhof von Little Hangleton

Dieses Zusammentreffen auf dem Friedhof von Little Hangleton, wohin der Portschlüssel die beiden Finalisten des Trimagischen Turniers, Harry Potter und Cedrick Diggory, versetzt, ist der erste richtige Kampf zwischen Harry und Voldemort – und sicherlich einer der denkwürdigsten. Dieses Duell ist nicht nur deshalb so spannend, weil Harry in diesem Moment das erste Mal seinem Widersacher in Fleisch und Blut gegenübersteht, sondern auch weil Voldemort Harry bei dieser Gelegenheit ganz offiziell zu einem Zaubererduell herausfordert, wie es sich gehört. Zu Beginn stehen die Chancen gut, dass der Dunkle Lord den Kampf für sich entscheiden und Harry die Arena nicht lebend verlassen wird. Voldemort ist sich seiner Sache sogar dermaßen sicher, dass er den beistehenden Todessern befiehlt, sich nicht einzumischen – er will auskosten, wie Harry um seinen Tod bettelt. Ein folgenschwerer Fehler, wie sich herausstellen wird.

Es ist ein Moment, in dem die Zeit stillzustehen scheint: Harry stellt sich das erste Mal, den Tod akzeptierend, Voldemorts Angriff. Doch was dann passiert, verblüfft nicht nur die beiden Duellanten und alle Umstehenden, sondern im Nachhinein selbst diejenigen, die sich in der Zaubererwelt wirklich gut auskennen. Die Zauberstäbe von Voldemort und Harry entwickeln ein Eigenleben, als die Flüche, die sie einander entgegenschleudern, aufeinandertreffen: Priori Incantatem.

Diese seltene Fluchumkehr ist den wenigsten Hexen und Zauberern bekannt. Sie findet statt, wenn zwei Zauberstäbe mit identischem Kern dazu gezwungen werden, gegeneinander zu kämpfen. In der Folge zwingt der stärkere der verschwisterten Stäbe den schwächeren dazu, alle von ihm geleisteten Flüche in umgekehrter Reihenfolge noch einmal »auszuspucken«.

Den Zwillingskern von Harrys und Voldemorts Zauberstab bildet eine Phönixfeder von Fawkes, und so tritt bei diesem Duell der

Priori-Incantatem-Zauber ein. Harrys Stab ist in diesem Fall der stärkere, weshalb nach und nach aus Voldemorts Zauberstab alle zuvor durch diesen Stab geleisteten Flüche hervorquellen. Da es hauptsächlich unverzeihliche Flüche sind, vor allem Avada Kedavra, der Todesfluch, dauert es nicht lange, bis einige schattenhafte Echos der getöteten Menschen auftauchen. Dazu gehören der kurz vor dem Duell durch Peter Pettigrews Avada-Kedavra-Fluch getroffene Cedric Diggory und Harrys Eltern. Diese geisterhaften Abbilder der Verstorbenen verbünden sich nun mit Harry und verschaffen ihm eine Sekunde Vorsprung, sodass er mit Cedric Diggorys leblosem Körper zurück zum Portschlüssel gelangen und sich in Sicherheit bringen kann. Ansonsten wäre er dem nächsten Fluch des versierten Zauberers Voldemort zweifellos zum Opfer gefallen und die Harry-Potter-Saga wäre mit Band 4 zu Ende gewesen.

Schlacht um Hogwarts

Die finale Schlacht um Hogwarts, um Harrys Zuhause, stellt zweifellos den Höhepunkt der gesamten Saga dar. Denn Hogwarts ist der zentrale Punkt des Wirkens all jener, die für das Gute kämpfen – allen voran Dumbledore und Harry. Alles, was sich in den Jahren zuvor an Rivalität zwischen Gut und Böse aufgebaut hat, gipfelt in dieser Schlacht. Wer hier siegt, hat den gesamten Kampf gewonnen.

Deshalb ist es auch so aufregend und schmerzhaft zugleich zu sehen, wie Hogwarts bombardiert und teilweise zerstört wird. Schließlich war das Schulgebäude bislang immer eine unzerstörbare und schutzbringende Zuflucht.

Im Kampf selbst geht es ausschließlich um Leben und Tod. Jeder zeigt in diesem Moment, auf wessen Seite er steht und dass er bereit dazu ist, für diese Seite sein Leben zu geben. Abgesehen von den »üblichen Verdächtigen« auf jeder Seite, wie die Todesser für Lord Voldemort und der Orden des Phönix inklusive der gesamten Schülerschaft für Harry, beteiligen sich noch andere an der Schlacht. Dabei handelt es sich hauptsächlich um Wesen, die sich dazu entschließen, auf Harrys Seite zu kämpfen, obwohl sie sich seit jeher aus kriegerischen Handlungen heraus-

gehalten haben, wie beispielsweise der Zentaur Firenze (und am Ende auch alle anderen Zentauren), sämtliche Hauselfen von Hogwarts unter der Leitung von Kreacher, der Riese Grawp, Peeves, die Thestrale sowie der Hippogreif Seidenschnabel. Allein diese Mobilisierung macht deutlich, wie episch diese Schlacht ist.

Tod von Severus Snape

Es sind nicht nur der Charakter und das Verhalten des Hauslehrers von Slytherin, die die Fans oft in zwei Lager spalten. Auch der Tod dieses polarisierenden Zauberers war für die einen eine absolut dramatische Wendung, während es für die anderen schon beinahe eine Erlösung war, endlich diesen unsympathischen Zeitgenossen nicht mehr in den Geschichten um Harry Potter antreffen zu müssen. Rückblickend betrachtet verkörpert die Figur des Severus Snape das pure Drama. Denn trotz seines oft so unsympathischen Handelns steht er am Ende doch nur für eine Botschaft: die lebenslange Liebe und Treue zu einer Frau, die er nie erobern konnte. Die Geschichte eines Außenseiters, der in jungen Jahren von seinen Mitschülern gemobbt wurde und dann auch noch zusehen musste, wie die Liebe seines Lebens mit einem derer, die ihn so oft schon bloßgestellt haben, eine Ehe schließt. Trotz alldem ist die Treue zu dieser Liebe, Harrys Mutter Lily, unsterblich. Severus Snape ist der perfekte Antiheld, der von manchen erst im Moment seines Todes den verdienten Respekt erntet. Denn als er stirbt, schaut er Harry an und sagt: »Du hast die Augen deiner Mutter.« Da bleibt vermutlich kein Auge trocken. Die Dramatik soll Severus Snape ein ganzes Leben lang begleiten, als er zum einen als Maulwurf in Voldemorts Reihen agiert, um Dumbledore und seinen Anhängern wertvolle Informationen zukommen zu lassen. Er begibt sich immer wieder in Lebensgefahr, um letztlich der guten Seite zu dienen. Den Entschluss dazu fällt er bereits, als er erfährt, dass Voldemort die Potters – und damit seine große Liebe Lily – töten will. In der Folge erträgt er jede Anfeindung und jeden Spott, die ihn Zeit seines Lebens immer wieder treffen, da allein Albus Dumbledore von Snapes Pakt mit dem Guten weiß.

Snape hat auch immer ein wachendes Auge auf Harry – ein weiterer Beweis seiner Liebe zu Lily, denn oft genug ist seine innere Zerrissenheit gegenüber dem Jungen, der seiner Mutter so ähnlich sieht, aber gleichzeitig auch ein Abbild seines Vaters ist, deutlich zu spüren. Spätestens in dem Moment, als der Leser erfährt, dass Snapes Patronus eine Hirschkuh ist, also derselbe wie der Lily Potters, ist wohl jedem klar, dass sich hinter Snapes Fassade ein ganz anderer Mensch verbirgt.

Die Dramatik, die Snapes ganzes Leben begleitet, gipfelt in seinem Tod. In dieser Szene wird die ganze Grausamkeit, die der Zauberer sein Leben lang von allen Seiten ertragen musste, so deutlich, dass wahrscheinlich selbst der größte Snape-Hasser ein Tränchen nicht verdrücken kann. Voldemort hetzt seine Schlange Nagini auf Severus Snape. Diese Gnadenlosigkeit gegenüber einem vermeintlich treuen Anhänger und die animalische Art und Weise, wie Snape von der Schlange zerfetzt wird, spiegeln die Gnadenlosigkeit wider, die er sein Leben lang ertragen musste. Ein spätes Andenken und die damit verbundene Anerkennung erhält Snape post mortem von Harry, der einen seiner Söhne Albus Severus nennt. Auf die Frage des Kindes bei seiner Verabschiedung an Gleis 9 ¾, ob es passieren könnte, ein Slytherin zu werden, antwortet ihm Harry, dass es ganz egal sei, in welches Haus der Sprechende Hut ihn steckt. Denn er trage die Namen von zwei Schulleitern der Schule – und einer davon sei ein Slytherin gewesen und einer der mutigsten Männer, die Harry jemals kannte.

Harry Potter vs. Lord Voldemort - Finaler Kampf

Dieser entscheidende und von Anfang an erwartete finale Kampf zwischen Harry Potter und dem Dunklen Lord ist zweifellos »der Kampf« schlechthin. Über Jahre hinweg war jedem Potterhead klar, dass es irgendwann auf diesen Moment hinauslaufen würde: Harry müsste sich eines Tages endgültig dem Dunklen Lord und damit seinem eigenen Tod stellen. Ein absolut symbolisches Schauspiel, denn ist es am Ende nicht für jeden Menschen so, dass er dem Tod allein gegenübersteht?

Dies ist er also, der mit größter Spannung und über viele Jahre hinweg erwartete Augenblick, in dem die Zeit stillsteht. Der Moment, in dem entweder alles einen Sinn ergibt oder alle Hoffnung und damit auch die gesamte Saga, gemeinsam mit Harry, stirbt. In diesem Fall ist die Eröffnung des Kampfs das Erstaunlichste. Denn es ist Harry, der angreift, und das auf eine noch nie dagewesene Art. Er packt Voldemort mit beiden Händen am Hals und stürzt sich mit

den Worten »Beenden wir es so, wie wir es angefangen haben: zusammen!« mit ihm von den Mauern der Schule. Kein Zauberspruch,
keine Zauberstäbe – es sind seine blanken Hände, mit denen er nach
dem Tod greift. Selbst Voldemort ist über diese Aktion so erstaunt,
dass er nichts dagegen unternehmen kann, als Harry ihn mit sich
in die Tiefe reißt. In diesem Moment wird auch dem Dunklen Lord
klar, dass Harry ein ganzes Stück weiter gegangen ist als er selbst.
Denn Harry hat den Tod akzeptiert, was Voldemort noch nie gelungen ist.

Durch ihre Verbindung, die sie in der schicksalhaften Nacht, als
Harrys Eltern starben, unfreiwillig miteinander eingegangen sind,
reicht schon die körperliche Nähe zueinander aus, um beide während des Sturzes in die Tiefe unerträgliche Qualen leiden zu lassen.
Sie ringen um sich, um den Tod und um das Ende der Geschichte.
Dabei ist es Voldemorts Kraft, die beide unversehrt zu Boden bringt.
Wenn es nach Harry gegangen wäre, hätten sie wohl beide den Sturz
nicht überlebt. Unten angekommen, stürzen sie sich in ihr letztes
magisches Duell, und es ist unklar, wer es für sich entscheiden wird.
Denn die Kräfte sind vorerst ausgeglichen. Im Hintergrund tobt
die Schlacht von Hogwarts und auch hier geht es um den finalen
Kampf von Gut gegen Böse. Erst als Neville Longbottom im Zuge
der Schlacht mithilfe des Schwertes von Gryffindor Nagini, den letzten Horkrux, tötet, löst sich auch der dunkelste Magier aller Zeiten
in Staub auf. Das funktioniert aber nur, weil der Elderstab, der sich
zu diesem Zeitpunkt in Voldemorts Besitz befindet, am Ende seinem
wahren Herren gehorcht: Harry. Zur Erinnerung: Harry hatte den
Zauberstab im Kampf gegen Draco Malfoy erobert; Voldemort hat
ihn später lediglich aus Dumbledores Grab gestohlen. Er war dem-

zufolge nie der wahre Besitzer des Zauberstabs. Als dann Harrys und Voldemorts Flüche in diesem letzten Kampf aufeinandertreffen, entscheidet sich der mächtigste Zauberstab der Welt für seinen echten Besitzer. Der Fluch Voldemorts wird dadurch auf ihn zurückgeworfen und tötet ihn, während der Elderstab zu Harry fliegt.

Dieses letzte Duell zwischen den beiden bildet den Höhepunkt der Saga und ist an Spannung wohl unübertroffen. Denn jeder, der die Geschichte von Anfang an mitverfolgt hat, weiß, dass der Dunkle Lord ohne zu zögern versuchen wird, Harry zu töten. Diese Vorahnung scheint sich zunächst zu bestätigen, als Harry in diesem alles entscheidenden Kampf wieder keinen Todesfluch – also den schlimmsten der Unverzeihlichen Flüche –, sondern den simplen Entwaffnungszauber Expelliarmus anwendet. Ob er sich ganz sicher ist, dass der Elderstab zu seinem wahren Gebieter zurückkehren wird, oder ob er einfach durch und durch gut ist und deshalb den Avada-Kedavra-Fluch nicht über die Lippen bringt, bleibt Spekulation.

Doch warum stirbt Harry nicht bereits im vorherigen Kampf gegen Voldemort im Verbotenen Wald? Immerhin wird Harry vom Todesfluch getroffen, den bisher noch kein anderer Zauberer überlebte, außer er selbst in der Nacht, in der seine Eltern starben. Dass Harry ein weiteres Mal den schlimmsten der Unverzeihlichen Flüche überlebt, liegt daran, dass Voldemorts Avada Kedavra nicht Harry selbst tötet, sondern den in Harry befindlichen Teil seiner eigenen Seele. Der Auserwählte ist ein – wenn auch unbeabsichtigter – Horkrux Voldemorts. Als Letzterer versucht, Harry im Kindesalter zu töten, prallt der Todesfluch auf ihn zurück, wobei seine durch die vielen Spaltungen geschwächte Seele zerspringt.

Ein Teil seiner Seele wird dabei auf Harry übertragen, der so unfreiwillig eine einzigartige Verbindung mit seinem Feind eingeht. In Form einer richtigen Gestalt erscheint dieser Teil bei der Begegnung Harrys mit Dumbledore zwischen Leben und Tod, auf dem imaginären Bahngleis 9 ¾ (*Harry Potter und die Heiligtümer des Todes*). Das grauenvolle, aber auch mitleid-erregende Etwas, das Harry in einer Ecke des Bahnsteigs ent-

deckt, ist jener kleine Teil von Voldemort, der an Harry haftet. Trotzdem kann man hier nicht von einem richtigen Seelenteil sprechen, der Harry beeinflussen könnte. Geschweige denn, dass dieses Stückchen Voldemorts Überleben sichern könnte. Diese Information bekommt Harry dann auch von Dumbledore, der ihm mitteilt, dass man dieser kleinen und abscheulichen Kreatur nicht helfen könne. Das Ironische ist, dass Voldemort selbst diesen letzten kleinen Teil von sich zerstört, als er Harry bei dem Duell im Verbotenen Wald mit dem Todesfluch belegt (*Harry Potter und die Heiligtümer des Todes*). Er vergisst in diesem Moment, dass das Einzige, was er an Harry wirklich umbringen kann, jener winzige Teil von ihm ist, weil dieser nicht durch Lilys Bann geschützt ist. Voldemort löscht sich am Ende also selbst aus und all seine Be-mühungen, die er zu Lebzeiten unternimmt, dem Tod zu entrinnen, waren vergeblich.

Die Kämpfe zwischen Harry und Voldemort symbolisieren aber noch mehr als die pure Spannung, die durch das Aufeinandertreffen zweier Gegner und die Auseinandersetzung zwischen Gut und Böse entsteht. Sie sind eine Art Zeugen der Überheblichkeit und Arroganz, die Voldemort letztlich zu Fall bringen. Denn er macht von Anfang an mehrere Fehler, die man schon beinahe als eine Art Selbstmord betrachten kann:

1. Er hat keine Ahnung von dem magischen Schutz Lilys, der bei dem Mord an ihr und James auf Harry übergeht und den Dunklen Lord so sehr schwächt, dass er eine Zeit lang nur als eine Art Schatten ohne Körper existieren kann (*Harry Potter und der Stein der Weisen*).

2. Bei seiner Wiederauferstehung auf dem Friedhof von Little Hangleton (*Harry Potter und der Feuerkelch*), die er mithilfe von Harrys Blut bewerkstelligt, übersieht er, dass dieses Blut ab sofort auch in seinen Adern fließt. Das heißt, dass von diesem Moment an der Schutz für Harrys Leben in ihm pulsiert. Daher ist es ihm unmöglich, Harry zu töten.

3. Er weiß nichts von der magischen Wirkung von Priori Incantatem, der durch den Zwillingskern ihrer beiden Zauberstäbe ausgelöst wird (*Harry Potter und der Feuerkelch*).

4. Das Zusammenspiel von Lilys magischem Bann, der Treue des Elderstabs und der Tatsache, dass er den letzten winzigen Teil von sich selbst zerstört, führen schließlich zu Voldemorts Tod (*Harry Potter und die Heiligtümer des Todes*).

Das Quiz

FÜR ULTIMATIVE
POTTERHEADS

Selbstverständlich geht jeder Harry-Potter-Fan davon aus, dass er sämtliche Fragen zu seinem Helden und dessen Leben beantworten kann. Doch ist es überhaupt möglich, bei dieser beinahe unüberschaubaren Fülle an Wissen wirklich über alles Bescheid zu wissen? Dieses Quiz ist nicht nur für alle Harry-Potter-Fans geeignet, um ihr wahres Wissen zu testen. Es ist vielmehr ein Beweis dafür, dass der oder diejenige noch eine Stufe weitergegangen und zum echten Potterhead mutiert ist.

Klar ist: Nur wer alle Antworten kennt, und zwar ohne irgendwo nachzuschlagen, ist ein wahrer Experte, wenn es um Harry Potter und seine Zeit an der Hogwarts-Schule für Hexerei und Zauberei geht. Und nur wer die folgenden zehn Fragen plus Zusatzfragen ohne langes Zögern – und natürlich ohne Schummeln! – beantworten kann, darf sich als absolut allwissenden Potterhead bezeichnen. Jetzt kannst du herausfinden, was du durch dieses Buch gelernt hast – viel Erfolg!

Also, teste dein Wissen! Es ist immer nur eine Antwort richtig.
Die Auflösung gibt es zum Schluss.

1. Welchen Patronus hat Luna Lovegood?

a. Eule

b. Seeotter

c. Fisch

d. Hase

2. Welcher Zauberspruch lässt die Spitze des Zauberstabes leuchten?

a. Solaris

b. Lux

c. Nox

d. Lumos

Zusatzfrage: Und welcher Spruch lässt das Licht wieder erlöschen?

3. Was bewirkt der Zauberspruch Rictusempra?

a. Es ist ein Kitzelfluch, der einen Lachanfall auslöst.

b. Er dient zum Auffinden verloren gegangener Gegenstände.

c. Es handelt sich um einen Aufspürzauber für Personen.

d. Er ist ein perfekter Helfer für den lästigen Abwasch.

Zusatzfrage: Weißt du auch, welche Zaubersprüche die restlichen genannten Resultate bewirken?

4. Welchen Zaubertrank nutzte Harry, um in Professor Slughorns Gedächtnis einzudringen?

a. Veritaserum: Dieses Wahrheitsserum bewegt das Opfer dazu, alles preiszugeben.

b. Gripsschärfungstrank: Er schärft die Sinne und macht dadurch einfallsreicher. Eine Befragung unter dem Einfluss dieses Gebräus erleichtert es dem Anwender enorm, die richtigen Fragen zu stellen.

c. Felix Felicis: Dieser Glückstrank macht im Grunde alles möglich, da er den Anwender von Ängsten und Spannungen befreit.

d. Gregor-Zaubertrank: Wenn man diesen Trank zu sich nimmt, verliert man jeden Argwohn zu seinem Gegenüber. Man geht davon aus, dass dort der beste Freund sitzt, dem man getrost alles anvertrauen kann. (Der Gregor- Zaubertrank ist den Wenigsten bekannt, da er nur auf den Sammelkarten zu Gregor dem Kriecher zu finden ist!)

Zusatzfrage: Und weißt du auch, wie man die genannten Tränke zubereitet?

5. Welcher Zauberspruch zeichnet das dunkle Mal der Todesser an den Himmel?

a. Morsmordre

b. Serpensortia

c. Incarcerus

d. Sectumsempra

Zusatzfrage: Weißt du auch, was die jeweiligen anderen Zaubersprüche bewirken?

6. Wer war das erste Versteinerungsopfer des Basilisken?

a. Hermine

b. Ginny

c. Mrs. Norris

d. Colin Greevy

Zusatzfrage: Wen hat der Basilisk sonst noch versteinert?

7. Was passiert mit einem Opfer, das mit dem Petrificus-Tota-lus-Zauber verhext wird?

a. Es kann sich nicht mehr bewegen.

b. Es ist nicht mehr fähig zu gehen, sondern windet sich wie eine Schlange am Boden.

c. Es wird sofort aus einer Ohnmacht geholt und ist wieder ganz bei Sinnen.

d. Es wird dazu gezwungen loszulassen. Besonders wirkungsvoll ist der Spruch deshalb bei Klammergriffen oder -flüchen.

8. Was hat Dumbledore Hermine nach seinem Tod hinterlassen?

a. Einen Zeitumkehrer

b. Die Märchen von Beedle dem Barden

c. Ein Denkarium

d. Eine Tüte Bertie Botts Bohnen jeder Geschmacksrichtung

9. Welches Wesen haust auf dem Dachboden der Familie Weasley?

a. Ein Grindeloh

b. Ein Ghul

c. Ein Geist

d. Ein Gnom

10. Wie sah Harrys erste Strafaufgabe aus?

a.   Er musste sämtliche Pokale in Hogwarts polieren.

b.   Professor Lockhart verdonnerte ihn dazu, stundenlang seine Autogrammkarten zu signieren.

c.   Er musste mit Hagrid in den Verbotenen Wald.

d.   Ein Aufsatz mit mindestens 100 Seiten raubte ihm den letzten Nerv.

Zusatzfrage: In welchen Harry-Potter-Bänden kamen die übrigen genannten Strafarbeiten vor?

AUFLÖSUNG UND AUSWERTUNG

1: d) – 2: d) – 3: a) – 4: c) – 5: a) – 6: c) – 7: a) – 8: b) – 9: b) – 10: c)

Jede richtige Antwort gibt einen Punkt. Zähl sie zusammen und schau dir in der Auswertung an, wo du dich einordnen darfst.

Bis 4 Punkte: Mies - Harry-Potter-Novize

Du scheinst noch nicht so ganz in der magischen Welt der Hexerei und Zauberei angekommen zu sein. Aber sei deswegen nicht traurig. Womöglich hast du den Trend einfach nur verschlafen und entdeckst erst jetzt mit etwas Verspätung die wunderbare Welt von Hogwarts und Harry Potter. Da kann man nur sagen: Besser spät als nie! Lies weiter fleißig die Harry-Potter-Bände oder schau dir die Verfilmungen an, dann schneidest du beim nächsten Quiz bestimmt viel besser ab!

5 bis 7 Punkte: Annehmbar – Solider Harry-Potter-Fan

Du besitzt zweifellos solides Grundwissen über das Potterversum, aber ab und zu musst du eben doch passen. Macht nichts, es ist schließlich noch kein Hexenmeister vom Himmel gefallen, oder? Solltest du vor allem bei den Fragen zu den Zaubertränken und -sprüchen Schwierigkeiten gehabt haben, wirf doch mal einen Blick in *Das inoffizielle Harry-Potter-Buch der Zauberei – Geheimes Wissen von A wie Accio bis Z wie Zentaur*. Darin findest du neben speziellen Informationen zur Zauberei auch viel Wissenswertes rund um magische Pflanzen, Wesen und Orte.

8 bis 10 Punkte: Erwartungen übertroffen – Absoluter Potterhead

Du kennst die Harry-Potter-Geschichten nahezu in- und auswendig und kannst vermutlich auch bei der einen oder anderen Filmszene die Dialoge Wort für Wort mitsprechen. Kein Wunder, dass du die meisten Fragen in diesem Quiz problemlos richtig beantworten konntest. Respekt! Immer weiter so, denn ein Quäntchen fehlt noch, damit du die nächste Stufe magischen Wissens erklimmen kannst.

10 Punkte plus alle Zusatzfragen: Ohnegleichen – Absolut allwissender Potterhead

Wenn du nicht nur alle Fragen richtig beantworten konntest, sondern zudem auch wie aus der Pistole geschossen die Antworten auf alle nicht gestellten Fragen gegeben hast, zum Beispiel wozu die anderen genannten Zaubertränke und Zaubersprüche dienen und in welchem Band beziehungsweise Film alle genannten Situationen stattgefunden haben – mitsamt allen beteiligten Personen, versteht sich –, darfst du mit Stolz den Titel »Absolut allwissender Potterhead« tragen.

ÜBER DIE AUTORIN

Pemerity Eagle wurde am 1. April 1971 in einem kleinen Dorf in Schottland, in der Nähe des Ben Nevis geboren. Dort verbrachte sie auch ihre Kindheit und Jugend. Die Autorin befasste sich schon früh mit den Schriften und Überlieferungen der magischen Welt. Seitdem ist es ihr ein Anliegen, den Menschen durch ihre Arbeit die Welt der Zauberer und Hexen verständlicher zu machen und damit auch näherzubringen.

Mit 21 Jahren verließ sie ihre Heimat und zog nach Deutschland, um sich in der Ferne dem Studium der magischen Welt zu widmen. Seit ihrer Rückkehr verfasst sie diverse Schriften, die nicht magische Menschen auf das fortschreitende Sterben magischer Wirkungen in ihrer Welt aufmerksam machen sollen.

112 Seiten
8,00 € (D) | 8,30 € (A)
ISBN 978-3-7423-1989-0

Eagle, Pemerity

Würdest du lieber ...? – Das Mitmachbuch für echte Potterheads

Würdest du lieber einen Zauberstab mit Phönixfeder oder Drachenherzfaser besitzen? Lieber das Trimagische Turnier oder die Quidditch-Weltmeisterschaft erleben? Und würdest du lieber zaubern oder fliegen können? Diese und zahlreiche weitere schwierige Entscheidungen rund um Hogwarts und Co. versammelt dieses magische Mitmachbuch für echte Potterheads. Begleitet werden die Fragen von leckeren Rezepten, zauberhaften Bastelanleitungen, spannenden Funfacts und viel Platz zum Ausfüllen und Kreativwerden. Ob klein oder groß, Muggel, Squib oder Zauberer – hier kommst du als Harry Potter-Fan garantiert auf deine Kosten und lernst nebenbei noch viel Neues über die geliebte Welt und ihre Bewohner. Lass dich verzaubern!